Heile dich reich

Markus Rothkranz

Heile dich reich

*Wie wir wirklich erfolgreich sein können,
wenn wir unsere Bestimmung leben*

Aus dem Amerikanischen übersetzt von Ulrich Magin

HANS-NIETSCH-VERLAG

Titel der Originalausgabe: *The Prosperity Secret. Success in the New World*
© 2012 Markus Rothkranz

© Hans-Nietsch-Verlag 2013
Alle Rechte vorbehalten.
Nachdruck, auch auszugsweise, nur mit ausdrücklicher Genehmigung des Verlages gestattet.

Lektorat: Dirk Grosser
Korrektorat: Ute Orth
Fotos: shutterstock, poetografie
Druck: Dimograf Druckerei GmbH, Bielsko-Biała/Polen

Hans-Nietsch-Verlag
Am Himmelreich 7
79312 Emmendingen

www.nietsch.de
info@nietsch.de

ISBN 978-3-86264-221-2

Inhalt

Einführung ... 9
Wer bin ich? ... 11

AB JETZT BIST DU REICH! ... 17
Lösche deine Programmierung ... 18
Lektion eins: Nur weil jemand etwas sagt, stimmt es noch lange nicht. ... 20
Deine Träume sind ein Geschenk ... 24
Lektion zwei: Schluss mit Neid und Frust! ... 26
Lektion drei: Harte Arbeit und Talent reichen nicht aus. ... 28
Die Kraft der Anziehung ... 29
Lektion vier: Beziehungen zu einflussreichen Leuten sind keine Erfolgsgarantie. ... 30
Lektion fünf: Wissen ist keine Erfolgsgarantie. ... 31
Lektion sechs: Reich geboren zu sein bedeutet nicht, dass man immer glücklich ist. ... 32
Warum wollen wir all das haben? ... 34
Lektion sieben: Wir sind nicht, was wir haben. ... 36
Die Stimme ... 38
Zeit für weibliche Energie ... 39
Reichtum ist Energie ... 39
Beweg dich! ... 40
Loslassen ... 40
Vereinfachen ... 42
Den Sinn im Blick ... 43
Hab keine Angst ... 44
Warte nicht länger ... 47
Gib dich dem Erfolg hin ... 48
Keine Ausreden ... 48
Selbstmitleid und Armutsbewusstsein ... 49

Zieh dich selbst aus dem Sumpf	50
Geborgenheit	51

REICH DENKEN — 55
Die Perspektive der Reichen — 56
  Dein Spiegel — 58
  Arme wollen. Reiche handeln — 60
Gedanken erzeugen Ereignisse — 66
  Glück ist kein Zufall — 66
Der Augenblick, der alles verändert — 67
  Der Investor — 71
  Steh nicht im Weg herum, lass die Experten ran — 75
Gesunder Körper, gesundes Geld – dieselbe Formel — 76
Niemand hat Schuld — 80
  Das Monster zähmen — 80
  Das verletze Ego – „das Opfer" — 83
Alles ist gespiegelte Energie — 83
  Investiere nicht in Opfer — 85
Gib auf und lass endlich los — 87
  Mach es mit Liebe oder lass es sein! — 89
Was wir denken, wird wahr — 90
Wandel — 91
  Weltwirtschaft — 91
  Imitiere nicht, setz deine eigenen Trends — 95
  Ändere die Ursachen, nicht die Symptome — 96
Sei entschlossen! — 99
Mach es aus dem richtigen Grund — 100

GELD GIBT DIR KEINE SICHERHEIT — 101
Geld und Beziehungen — 103
Manage dein Geld — 104
  Schritt 1: Wohin fließt dein Geld? — 105
  Schritt 2: Die unterschiedlichen Konten — 105

Vereinfache dein Leben!	110
Der Unterschied	112
Die größte Ausrede	114
Der Schlüssel: deine Programmierung	117
Du bekommst, was du erwartest	118
Wie du dich verändern kannst	121
Erfolgreiche Menschen erledigen ihre Hausaufgaben	122
Die Wahrheit	126
Achte auf das, was du sagst	128
Hör endlich auf zu wollen	130
Mit wem hängst du so ab?	134
Negativität ist Gift	135
Ballast abwerfen!	136
Das Ende des Wettbewerbs	138
Die Richtung der Energie	140
Echte Währung	143
Raus aus der kleinen, heilen Welt	147
Mach den Weg frei für den Erfolg	149
Lernen und wachsen	150
DAS SIND DIE REICHEN	153
Marshall Sylver	154
Swami Ramananda Maharaj	175
Richard Helfrich	179
Markus Rothkranz	181
DIE NEUE WELT	183
FEIERE DAS LEBEN!	189
Erfolg ist ...	190
HALLO, NEUES ICH!	193

Wir stehen am Beginn einer neuen Welt. Viele Leute haben Angst.

Da wirkt es auf dich vielleicht geschmacklos, ein Buch über Reichtum zu lesen, wenn gerade die Weltwirtschaft zusammenbricht. Und doch ist es wichtig, dass du das tust, denn du verkörperst das neue Bewusstsein für das Gute.

Du MUSST mächtig werden, damit Menschen wie du es das nächste Mal besser machen. Reich wird man in schweren Zeiten, weil jeder Wandel voller Potenzial steckt.

Ihr seid diese neue Welt. Eine Welt, in der es jedem gutgeht.

Einführung

Wenn du nichts hast, kannst du alles tun, denn du hast alles verloren, was dich aufgehalten hat. Hast du nichts mehr zu verlieren, dann hast du auch keine Angst mehr und nichts kann dich aufhalten. Du bist herumgekrochen wie eine Raupe – nun schlüpfe aus deinem Kokon, entfalte deine Flügel und flieg hoch über den Problemen dahin.

Als ich alles aufgab und vierzig Tage in der Wüste verbrachte, hatte ich nichts. Wirklich NICHTS! Nicht einmal Kleider. Als ich in die Welt zurückkehrte, wohnte ich mehrere Wochen lang im Schrank eines Freundes. Und zwar im wahrsten Sinne des Wortes. Innerhalb von neunzig Tagen fuhr ich dann einen Ferrari. Zwei Monate später besaß ich zudem zwei *Lotus Esprit Turbo* und ein Mercedes Cabriolet. Ich hatte keine Gesundheitsprobleme mehr. Ich trug Maßanzüge für 1000 Dollar. Ich flog erster Klasse rund um die Welt. Ich hing mit Rockstars ab. Ich schrieb das Drehbuch für meinen ersten Film und führte Regie. Dieser Film kostete 2,5 Millionen Dollar und kam weltweit in die Kinos. Ich habe keinen Chef mehr und kann tun und lassen, was ich will. Und zwar jederzeit und überall.

Ich brauche all diesen Luxus nicht, um glücklich zu sein, aber es ist gut zu wissen, dass ich ihn haben kann, falls ich will. Das bedeutet Freiheit!

Am wichtigsten aber ist, dass weder die Wirtschaft noch mein Talent, meine Fähigkeiten, harte Arbeit, Glück oder meine Beziehungen zu scheinbar wichtigen Leuten etwas damit zu tun haben.

Jagst du dem Geld nach, treibst du es nur vor dir her. Du musst es zu dir kommen lassen.

Ich sage es ungern, aber bei deinen Geldproblemen wird dir niemand helfen.

Allein DU SELBST kannst etwas ändern.

Das ist für viele eine große Lehre. In dem Augenblick, in dem du begreifst, dass der Mensch, auf den du gewartet hast, DU bist, bekommst du dein Leben auf die Reihe. In Wirklichkeit willst du doch frei sein, oder? Das Universum hat dir völlige Freiheit verliehen – es mischt sich nicht ein. Und weil dir niemand helfen wird, musst du es selbst tun.

Wenn du dich immer darauf verlässt, dass andere Menschen dir schon helfen und kurz vor zwölf deine Rechnungen bezahlen werden, dann wirst du immer gestresster und machst dir immer mehr Sorgen, je unsicherer die Wirtschaftslage wird und je mehr Menschen ihr Geld verlieren.

Nimmt dir das Leben dein Haus weg, deinen Arbeitsplatz und deine zerrüttete Beziehung, dann nimmt es dir eine Last von den Schultern, ob du dich nun mit aller Kraft dagegen wehrst oder einfach nur alles aufgibst, so wie ich es gemacht habe ... Dann ist alles, was du machst, bis auf deinen Kern reduziert und vereinfacht – DEIN WAHRES ICH kommt zum Vorschein. Erst wenn du nichts mehr zu verlieren hast, bist du wirklich frei. Und nichts kann dich jetzt noch aufhalten, nichts steht dir mehr im Weg.

Der mächtigste Krieger ist der, der nichts zu verlieren hat.

„Schlage mich nieder und ich werde mächtiger, als du es dir vorstellen kannst."
Obi-Wan Kenobi – *Star Wars*

Wer bin ich?

Viele Leute halten mich für reich und berühmt, weil ich so talentiert bin. Leider habe ich meinen Erfolg so nicht erreicht. Im Gegenteil: Mein Talent war mir eher ein Klotz am Bein. Andere glauben, ich müsste sogenanntes „Vitamin B" gehabt haben, weil ich schließlich in Hollywood gearbeitet habe und jede Menge Leute kenne. Leider stimmt auch das nicht. All die wichtigtuerischen Leute dort waren reine Zeitverschwendung. Sie redeten mir nur nach dem Mund und hielten mich dann doch hin.

Letztlich haben mir weder mein Talent noch meine Beziehungen, mein gutes Aussehen, Glück oder irgendetwas, das dir gerade einfällt, die 2,5 Millionen Dollar eingebracht, mit denen ich meinen ersten Film drehte. Ich brauchte dreißig Jahre, um es herauszufinden; als ich es dann endlich begriff, dauerte das weniger als eine Minute. Wie ein Blitz veränderte es mein Leben und öffnete mir die Augen für etwas, das so geschmeidig und mächtig ist, dass es meine Sicht der Dinge für immer veränderte.

Als ich mir andere erfolgreiche Leute ansah, erkannte ich, dass sie dieselbe Eigenschaft aufwiesen. Sie waren weder besonders talentiert noch sahen sie schön oder bezaubernd aus. Es waren ganz normale Leute. Mein ganzes Leben lang habe ich mit den Reichen und Berühmten verbracht und mich immer gefragt, was sie so besonders macht. Es war ein unausgesprochenes Geheimnis, das sie für sich behielten. Erst als ich mein persönliches Erwachen erlebte, verstand ich, dass sie gar nichts vor mir versteckt hatten. Es gab keine Verschwörung, mit der die Reichen ihre Geheimnisse vor uns stinknormalen Leuten geheim hielten, nur damit sie immer reicher werden konnten. Hör nicht mehr auf all diejenigen, die dir Angst machen wollen. Heute geht es mir besser als jemals zuvor in meinem Leben.

Nichts wird vor uns geheim gehalten. Es gibt kein „GEHEIMNIS". Es gibt keine geheimen Zeichen, an denen sich die Elite untereinander erkennt.

Wer dir so etwas erzählt, will dich nur abzocken. Es ist egal, ob es nun eine umfassende Verschwörung der Regierungen gibt oder nicht. Die Wahrheit macht dich frei. Und die kann niemand aufhalten. Du musst nur damit aufhören, weiterhin Kraft und Energie in die Angst zu investieren und endlich das tun, wofür du hier bist.

Die Antwort war schon immer da. Nicht direkt vor dir, sondern in dir. Die Reichen und Berühmten haben uns das immer offen gesagt, aber wir wollten nichts davon wissen. Nicht, weil es uns zu kompliziert war – sondern weil es uns zu einfach schien.

Die Wahrheit ist so einfach, dass selbst Kinder sie sofort verstehen. Und warum? Weil sie nicht so viel denken. Unsere Gedanken stellen sich quer und sabotieren die besten Augenblicke in unserem Leben.

Sei auf alles vorbereitet, weil dein Erfolg dich urplötzlich und mit aller Kraft treffen kann. Und oft kommt er aus einer anderen Richtung, als du es erwartest.

Weder meine fotorealistischen Gemälde noch meine Arbeit mit Filmen haben mich berühmt gemacht. Du wirst lachen.

Was wir gemeinhin für „schlimme" Sachen halten, die uns zustoßen, sind in Wirklichkeit die größten Geschenke. Wir müssen es nur zulassen.

Ich kam nämlich mit einem schwachen Immunsystem zur Welt und wäre viermal fast gestorben. Ich ahnte nicht mal, was echte Gesundheit ist. Bis heute habe ich weder geraucht noch Alkohol getrunken oder Drogen ausprobiert. Aber als ich 28 Jahre alt war, lag ich im Sterben. Mein Herz versagte, meine Leber war verstopft und meine Nieren kaputt. Ich war mit meinem Leben mehr als unzufrieden, ich verdiente kein Geld, ich hatte Stress in der Beziehung und ... ach ja, ich lag zudem noch im Sterben. Ich schaute mich um und sah, dass die ganze Welt eine einzige riesige Party feierte. Jeder hatte mehr Spaß und besseren Sex als ich, machte tollere Reisen, wurde berühmt, machte tolle Sachen ... und ich – ich war so talentiert, dennoch kannte mich keiner, ich verdiente kein Geld und ich lag im Sterben. Was stimmte da nicht? Was machte ich nur falsch? Ich dachte also genau das, was du vermutlich gerade über dich denkst.

Zuerst sollten wir den Unterschied zwischen „reich" und „berühmt" klären. Dass jemand berühmt ist, heißt noch lange nicht, dass er auch reich ist (und umgekehrt). Tatsächlich kennt niemand die wirklichen Superreichen. Du hast noch nie von ihnen gehört, weil sie das so wollen.

Zwanzig Jahre lang war ich in Hollywood für einige der größten Namen dort tätig – Regisseure, Produzenten und Schauspieler wie beispielsweise Steven Spielberg, George Lucas, Aaron Spelling, Arnold Schwarzenegger und viele mehr. Mein Haus habe ich an den Drummer von *Guns N' Roses* verkauft und zusammen mit deren Gitarrist Slash habe ich den „Guns N' Roses-Flipper" für die Firma *Sega Pinball* in Chicago entworfen und produziert. Ich wurde zum bekanntesten Flipper-Designer der Welt. Für Blockbuster-Filme wie *Total Recall, Lethal Weapon, Jurassic Park, Star Wars* und viele weitere entwarf ich Merchandise, Designs und Spezialeffekte. Das brachte mir viel Geld, dennoch kannte mich kaum jemand. Ich flog in Privatjets und hing mit den größten Rockbands in Hollywood ab. Und trotzdem war ich nicht „reich". Ich war nicht gesund, und der Grund dafür waren weder Drogen noch Alkohol oder Zigaretten. Die hatte ich nie angefasst. Nein, ich lag deshalb im Sterben, weil ich gelebt hatte wie jeder andere Amerikaner auch – ich nahm Brot, Pasta, Getreide, Milch, Zucker, Kuchen, Käse und all das weiterverarbeitete und gekochte Zeug zu mir, das in der Natur gar nicht vorkommt.

„Motivation schlägt Talent praktisch immer."
Norman R. Augustine

Ich brauchte dreißig Jahre, um zu begreifen, worum es sich bei echter Gesundheit und wahrem Reichtum wirklich handelt (Reichtum ist eine Art von Gesundheit). Und erst als ich alles aufgab, meine Kleider auszog und vierzig Tage lang in die Wüste ging, begriff ich, wie einfach alles in Wahrheit ist. Es ist immer schon da gewesen. Es kostet nichts und kann uns gesünder und reicher machen, als es wir uns vorzustellen vermögen.

Mir ging auf, dass wir sowohl die einzige Spezies sind, die ihr Essen kocht, als auch die einzige Spezies, die degenerative Erkrankungen wie Diabetes, Darm-, Brust- und Prostatakrebs sowie Herzerkrankungen und so weiter entwickelt. Die einzigen Tiere, die ebenfalls an solchen Dingen erkranken, werden vom Menschen gefüttert oder fressen den Müll, den der Mensch zurücklässt. Ab diesem Zeitpunkt kochte ich mein Essen nicht mehr und aß nur noch, was in der Natur vorkommt – also kein Brot mehr, keine Pasta, kein Getreide und so weiter. Und nun rate mal … Alle meine gesundheitlichen Probleme waren wie weggeblasen. Ich brauchte sogar keine Brille mehr. Ich fühlte mich lebendiger denn je.

Ich stellte daher ein kleines Informationsvideo mit dem Titel *Go Raw Now* (Werde jetzt Rohköstler) her. Ich wollte damit nichts verkaufen. Es war nur eine inspirierende Botschaft, mit der ich anderen mitteilen wollte, was ich herausgefunden hatte. Und ich wurde damit praktisch über Nacht weltberühmt. Wenn man auf *Youtube* die Suchwörter „raw food" eingibt, sieht man, dass es das weltweit am häufigsten angeklickte Video zu diesem Thema ist. Bei *Google* wurde ich sogar zum viertbekanntesten Markus der Welt.

Dann schrieb ich ein Buch zu diesem Thema: *Heile dich selbst*. Innerhalb von zwei Wochen erreichte es Rang 30 auf *Amazon* und war in Europa ausverkauft. Jetzt fliege ich um die ganze Welt und spreche vor Tausenden von Menschen in ausverkauften Hallen. Ich treffe Regierungschefs und wurde in streng geheime Militärbasen geflogen, um dort als Gesundheitsberater tätig zu sein. Nachdem ich eine Dokumentation mit dem Titel *FREE FOOD and MEDICINE* veröffentlicht hatte, luden mich Stammesälteste der amerikanischen Ureinwohner ein, zu ihnen zu kommen und sie zu lehren, wie man sich vom eigenen Land ernährt. Es ist kaum zu glauben: Indianer, die einen Weißen bitten, ihnen beizubringen, wie sie sich von ihrem ureigenen Land ernähren können. Was ist nur aus dieser Welt geworden?

Das zeigt, wie sehr die Welt den Boden unter den Füßen verloren hat. Die Menschen haben den Kontakt zur Wahrheit verloren. Sie wissen nicht mehr, was natürlich und wirklich ist. Und nun bricht die Wirtschaft zusammen.

Dann bemerkte ich allmählich einen Zusammenhang zwischen gesundheitlichen Problemen und Geldproblemen. Ich begriff, dass die meisten Menschen aus dem gleichen Grund nicht reich sind, aus dem sie auch nicht gesund sind. 95 Prozent aller Menschen in der heutigen Welt sind nicht gesund und 95 Prozent aller Menschen sind nicht reich. Das war eine aufregende Entdeckung. Ich spürte, dass ich da etwas auf der Spur war. Und deshalb schreibe ich dieses Buch.

Finanzielle Gesundheit folgt der gleichen Formel wie körperliche Gesundheit. So einfach ist die Wahrheit. Sie gilt universell und trifft immer zu.

Aber es geht nicht nur um Geld. Ich bin zwar reich gewesen, war aber trotzdem weder glücklich noch gesund. Ich machte auch nichts Produktives, was für mich von echtem Wert war. Ich hatte den Kontakt zu meiner Berufung verloren und fühlte mich innerlich leer. So, als lebte ich eine Lüge. Meiner Meinung nach ist es kein Erfolg, wenn man einfach nur viel Geld hat.

Bei Reichtum geht es um Energie. Es geht darum, sein Leben und seine positive Energie mit anderen und dem Universum zu teilen. Erst als ich (ohne jedes finanzielle Interesse) das Gesundheitsvideo machte, änderte sich alles. Ich verdiente nicht einfach nur Geld. Ich trug dazu bei, die Welt besser zu machen. Ich half anderen. Und jetzt floss das Geld mit positiver Energie. Ich genoss das, was ich machte. Ich war reich. Endlich war ich wirklich *ich*, lebte mein wahres Selbst.

Es kommt nicht auf die Wirtschaftslage an. Vergiss Multi-Level-Marketing und all das andere Zeug und alles, bei dem du dich auf andere verlassen musst, damit du Geld hast oder damit es dir gutgeht.

AB JETZT BIST DU REICH!

Heute verändert sich dein Leben. Für immer.

Wenn du das Geheimnis von Reichtum und Erfolg erfahren hast, dann betrifft das nicht nur dein Geld ... es verändert dein gesamtes Leben. Das ist ein gutes Indiz dafür, dass es wirklich wahr ist, weil alles miteinander verbunden ist und nach dem gleichen Prinzip funktioniert.

In diesem Buch geht es nicht nur darum, wie du an Geld kommst. Wahrer Reichtum ist viel mehr als das. Es handelt sich um die Freiheit, du selbst zu sein und das zu tun, was du tun willst. In diesem Buch verwende ich Begriffe wie „reich" und „arm". Das bezieht sich jedoch nicht nur auf das Geld. Wenn ich von „Reichen" spreche, meine ich stets diejenigen, die Erfolg haben, dabei ihrem Herzen folgen, glücklich leben und innerlich frei sind. Wenn ich in diesem Buch von „Armen" spreche, meine ich diejenigen, die permanent unzufrieden mit ihrem Leben sind, die nicht da sind, wo sie sein möchten, und die glauben, sie könnten nicht das tun, was sie gern tun würden.

Die Antwort ist so einfach, dass viele Leute sie nicht für wahr halten *wollen.* Und genau deshalb stecken die meisten Menschen in ihrer alten Spur fest, in der sie unglücklich sind, Rechnungen bezahlen müssen, sich ängstlich und elend fühlen. Selbst wenn man ihnen ein Rettungsseil zuwirft, greifen sie nicht danach, weil sie nicht glauben wollen, dass es sie aus ihrem Elend herausziehen kann. Skepsis ist einer der größten Erfolgskiller. Willst du wirklich zu diesen Menschen gehören? Du sagst wahrscheinlich Nein, wenn du es aber wirklich so meinst, dann musst du bereit dazu sein, alles loszulassen, was in deinem Leben für dich von Wert ist. Bist du dazu bereit? Denk einen Augenblick darüber nach.

Ich habe nicht gesagt, dass du dich von allem befreien *wirst*. Die Vorstellung, noch einmal ganz von vorn anzufangen, darf dir keine Angst machen. Mach dir keine Sorgen – was wirklich zu deinem Besten ist, wird bleiben. Aber alles andere muss wegfallen. Vermutlich müssen einige Menschen wirklich noch einmal ganz von vorn anfangen. Jeder ist anders.

In diesem Buch drücke ich mich geradeheraus und direkt aus. Ich verschwende keine Zeit.

Ich will Ergebnisse. Du willst sie auch. Also fangen wir gleich an

Lösche deine Programmierung

Nach außen hin sagst du zwar, du wolltest jede Menge Geld, aber nach innen ist es eine ganz andere Geschichte. Wenn du verworrene und widerstrebende Gefühle mit dir herumträgst, wenn es um Geld geht, dann behalten diese Gefühle (das Unterbewusstsein) immer die Oberhand über die Logik (was du von dir nach außen hin gibst).

Wenn dir das Geld immer zwischen den Fingern zerrinnt und nichts hängen bleibt, dann ist deine Energieprogrammierung fehlerhaft.

Das werde ich später noch erklären, aber ich glaube, dass DU eine Ansammlung von allem bist, was du seit deiner Zeugung in dich aufgenommen hast. Du hast die Gedanken, Gefühle, Emotionen und

Überzeugungen deiner Eltern in dich aufgenommen, alles, was du je im Fernsehen gesehen und gehört hast, in den Nachrichten, den Zeitungen, Zeitschriften, Filmen, im Radio, in Liedern, in der Kirche, von Freunden, Lehrern, Fremden, Kollegen, der Regierung, der Werbung und heute im Internet. Du hast die Gerüchte und Verschwörungstheorien, die Vorstellungen und das Gerede von jedem in dir aufgenommen, dem du je zugehört hast. Alles, was du je gelesen hast, ist irgendwo in dir gespeichert. Nach außen hin glaubst du etwas oder glaubst du etwas nicht ... aber in dir kennt dein Unterbewusstsein den Unterschied nicht. Deine Körperzellen folgen einzig den Anweisungen deines Kontrollzentrums (deines Gehirns), das Signale aus der Außenwelt (Sehen, Hören, Riechen, Schmecken) empfängt. Alles geht durch deinen Kopf. Beispielsweise hat dir als Kind irgendein Schlägertyp gesagt, du seist hässlich. Dein Gehirn meint zwar: „Das stimmt nicht!", aber dabei handelt es sich nur um einen Reflex. Ganz tief in deinem Inneren hast du Zweifel. „Bin ich denn wirklich hässlich? Stimmt das?" Das kann dein ganzes Leben lang so bleiben und sich auf alles auswirken, was du tust.

Das trifft auch auf Geld zu.

Hatten deine Eltern Geldprobleme, als du noch klein warst? Haben sie hart gearbeitet und wenig verdient? Und war dann letztlich doch immer zu wenig Geld übrig?

„In dir ist das Feuer des Lebens, außerhalb von dir ist das Feuer des Todes."
Friedensevangelium der Essener

LEKTION EINS

Nur weil jemand etwas sagt, stimmt es noch lange nicht.

Hast du je gehört, wie jemand sagte: „Die Reichen sind gierig, unehrlich und schlecht", „Geld ist die Wurzel allen Übels", „Geld regiert die Welt", „Geld macht aus guten Menschen schlechte Menschen", „Das Geld hätte man auch den Bedürftigen geben können", „Reich ist man immer nur auf Kosten der Armen", „Die Reichen verursachen alle unsere Probleme", „Reichen Leuten ist das egal – die haben kein Herz", „Die Reichen ziehen dich über den Tisch", „So will ich nie werden", „Geld wächst nicht auf Bäumen", „Mit Geld kann man kein Glück kaufen", „Es ist nicht genug für alle da", „Die Reichen werden immer reicher, die Armen immer ärmer", „Geld ist nicht wichtig", „Man braucht nur so viel, wie man für das Leben braucht", „Jetzt nicht, wir können uns das nicht leisten, vielleicht klappt es später einmal", „Man muss hart für sein Geld arbeiten", „Männer verdienen mehr Geld als Frauen", „Man muss sich sein Leben hart erarbeiten", „Mach endlich mal was Richtiges", „Ach, wenn es nur das Geld nicht gäbe", „Geld, Geld, Geld. Ich bin es satt, mich immer nur um das Geld zu kümmern", „Die Armen sind wenigstens ehrlich", „Die Reichen hängen eng mit der Regierung zusammen. Die sind doch alle korrupt, jeder Einzelne von ihnen.", „Werde bloß nicht wie die!" Man könnte diese Liste endlos verlängern und ein ganzes Buch mit solchen Sprüchen füllen, die wir unser ganzes Leben lang hören.

Klingt das vertraut?

Wie viel davon hast du als Kind gehört, als du aufgewachsen bist? Wie viel davon hast du schon im Mutterleib mitbekommen, als sich deine Eltern unterhielten, während sie sich auf deine Geburt vorbereiteten und besprachen, welche Kosten da auf sie zukommen?

Und wie steht es damit: „Ganz gleich, wie hart ich arbeite, es reicht immer nur für das Bezahlen der Rechnungen – es bleibt nie etwas übrig!" (Dazu kommt Frust und das Raufen der Haare.) Ich rate mal: Jetzt, dreißig Jahre später, reicht es nur für das Bezahlen der Rechnungen – es bleibt nie ein Cent übrig.

Hm. Woran liegt das wohl?

Aber daran bist du ja nicht schuld. Du bist nur ein hilfloses Opfer der Gesellschaft. Jeder kämpft sich so durch, auch du. Dass sich die Leute sorgen, ob sie jeden Monat die Rechnungen zahlen können, ist doch ganz normal. Dass man „gerade so über die Runden kommt" ist doch ganz normal. Wenn wir uns umsehen, geht es ja allen so. Deshalb akzeptieren wir das und versuchen es auch nicht zu ändern.

Nun, das sind nur die Leute, die du siehst. Das bedeutet noch lange nicht, dass es nicht auch sehr viele erfolgreiche Menschen gibt – nur eben nicht da, wo du bist. Sie sind immer irgendwo anders, oder? So, als gehörten sie einer anderen Art an. So haben es dir deine Eltern gesagt – es gibt einerseits die Reichen – und andererseits die normalen Leute wie wir. Zwei unterschiedliche Klassen – die und wir.

Stimmt's?

Solange du glaubst, dass reiche und erfolgreiche Leute zu einer anderen Gesellschaftsschicht gehören als du, wirst du immer getrennt von ihnen leben und verdienst gerade mal genug, um über die Runden zu kommen, keinen Cent mehr. Deine Programmierung erlaubt dir nicht, „einer von ihnen" zu werden, weil das deinen Code brechen würde (wir gegen die da). Du willst doch keiner dieser gierigen, egoistischen und schlechten reichen Leute werden, oder? Manche Menschen haben tatsächlich Angst, dass sie ihre Seele verkaufen, wenn sie reich werden – dass sie sich dem Teufel „verkaufen" und dann von ihren Freunden nicht mehr respektiert werden. Natürlich sagt du äußerlich dazu: „Das ist doch Quatsch!" Aber ganz tief in deinem Inneren, auf deinem Gefühlslevel, ist ein verborgener Teil von dir darauf programmiert, auf Nummer sicher zu gehen und auf keinen Fall reich zu werden.

Ist es dir schon mal passiert, dass du GANZ NAHE dran warst, viel Geld zu verdienen, und dann hat sich das im letzten Moment in Luft aufgelöst?

Hast du schon einmal viel Geld verdient und dann kam eine unerwartete Reparatur oder ein Notfall, der genau diese Summe kostete? Es wirkt gerade so, als wolle eine unsichtbare Kraft verhindern, dass du viel Geld besitzt. Worin liegt die Ursache dafür? Will das Universum oder Gott nicht, dass du reich bist? Ist es besser, demütig und rechtschaffen zu bleiben statt reich und böse zu werden?

Lass deinen Verstand mal beiseite und blicke tief in deine Seele. Welche Programmierung findest du?

Ich sage es dir nur ungern – aber da draußen gibt es keine allmächtige Kraft, die verhindern will, dass du reich, wohlhabend, glücklich und erfolgreich wirst. Ich habe das früher auch geglaubt. Das ist das Ergebnis der Gehirnwäsche durch die Kirche, durch Eltern mit besten Absichten, durch Gesellschaft und Medien. In den Filmen sind die Reichen in Maßanzügen immer die Bösewichte. Die Helden sind immer arm oder mittellos und kämpfen gegen die Umstände an. Wir halten am liebsten zu den Underdogs und hassen die reichen Bastarde, oder? Ja, ja. Ich habe genauso gedacht, an all das geglaubt. Selbst jetzt juckt mich diese Vorstellung noch hin und wieder – ganz hinten in meiner Psyche. Leute, wir brauchen eine Gehirnspülung!

Helden sind immer arm? Ich bitte dich!

Wer heute respektiert werden will, sollte besser nicht reich sein.

Es ist schon erstaunlich. Ich inspiriere die Menschen gern und gebe Informationen weiter, die ich aus eigener Erfahrung für wahr und richtig halte. Ich mache Videos, DVDs und Bücher (weil sie mir selbst gefallen). Um die zu machen, brauche ich Geld, und natürlich will ich auch etwas verdienen, um meine Rechnungen zu bezahlen. Viele meiner Anhänger halten sich selbst für „erleuchtet". Und trotzdem würde es dich erstaunen, dass es jedes Mal ein paar böse E-Mails gibt, wenn ein neues Buch oder eine DVD von mir erscheint. Da steht dann, dass ich das nur des Geldes wegen machen würde. Wenn ich den Armen wirklich helfen wollte, sollte ich meine Werke verschenken oder dafür nur Spenden fordern. Das sind immer armselige Leute, denen es offensichtlich nicht gutgeht und die auf jeden eindreschen, dem es scheinbar besser geht als ihnen. Sie wollen alle auf ihren Stand herunterziehen, damit sie sich gut fühlen können. Aber wieso ist das so? Du ahnst es schon – das lässt sich auf die frühe Programmierung zurückführen, in der „verkaufen" ein Schimpfwort war. „Der will doch nur etwas verkaufen." (Ja und?)

Sollten denn alle Schriftsteller, Musiker, Künstler und Filmemacher umsonst arbeiten?

Es ist Gift, stolz auf die Armut zu sein.

„Der Neid der Unzufriedenen ist der Gradmesser des Erfolges."
Salvador Dali

Geld ist nichts Schlechtes. Es ist nur ein Stück Papier oder Metall. Und ob du es glaubst oder nicht, es ist genug für alle da. Das strapaziert deine Überzeugungen vermutlich ein wenig, aber es stimmt. Du musst nur fühlen, dass du es wirklich verdienst, und dann entsprechend handeln. Du hast die Wahl. Weißt du, was die Menschen wirklich davon abhält, ihren Traum zu leben?

Die Angst vor dem Unbekannten.

Betrachte deine derzeitige finanzielle Lage und vergleiche sie mit der in deiner Kindheit. Gab es in deiner Familie genug Geld oder gab es immer Sorgen? Flossen die Finanzen gleichmäßig oder nur ab und zu mal und eher zufällig? Klappte es eine Zeit lang, ging dann aber wieder auf null zurück? Wie lässt sich das mit deiner gegenwärtigen Situation vergleichen?

Um eine Gewohnheit zu verändern, musst du sie erkennen.

Wenn du erst einmal etwas so siehst, wie es ist, hat es keine Macht mehr über dich. Deine Ketten fallen ab – und du kannst endlich fliegen.

Wenn du glaubst, dass die Reichen die Armen immer nur übervorteilen, wirst du niemals reich. Das ist reines Opferdenken. Wenn du denkst: „Ich armer Kerl", dann bist du arm.

In jeder Schulklasse gibt es einen fiesen, lauten Schläger, der sich gern die Schwächeren vornimmt. Aber das sind nie viele, die meisten deiner Mitschüler waren ganz normal und artig. Die größten Streber wurden später einmal Menschen wie Bill Gates oder Steve Jobs.

Reiche spenden mehr, als du glaubst ... aber nicht dir. Sie sind auch nicht verpflichtet, dir etwas abzugeben. Sie haben hart für ihr Geld gearbeitet und können damit tun oder lassen, was sie wollen. Nehmen wir einmal an, du hast 100 Euro. Ich glaube, du würdest sie lieber jemandem geben, den du magst, als irgendeinem dahergelaufenen Kerl auf der Straße, den du nicht einmal beachtet hast, als er gestern an dir vorbeiging. Du bevorzugst also manche Leute. Den Reichen geht das nicht anders. Sei ihnen also nicht böse und vergeude deine Zeit nicht damit, auf ihre Almosen zu warten – denn das hält dich arm. Richte dich in deinem Schmerz nicht häuslich ein.

Warte nicht mehr darauf, dass andere dich retten.

Deine Träume sind ein Geschenk

Gott, das Universum, wie immer du es auch nennst, hat dir aus gutem Grund Träume, Talent, Fähigkeiten, Fertigkeiten und einzigartige Charakterzüge mit auf den Weg gegeben. Fast jeder, den ich je getroffen habe, hatte eine tolle Idee. Eine neue Erfindung, eine neue Methode, um etwas zu machen, eine großartige Idee für ein Buch – die Liste ist endlos. Aber sie schreckten davor zurück, ihre Idee in die Welt zu setzen. Viele dieser Menschen waren bescheiden und arm, ihre Ideen aber genial. Als ich dann hörte, was sie beruflich taten, erkannte ich, dass ihre Geld-Jobs sie NICHT ausmachten, dass sie nicht das waren, wofür ihr Herz schlug. Sie dachten so fest an das, von dem sie träumten, dass sie nur arbeiteten, um über die Runden zu kommen. Ihr Körper tat das eine, ihr Herz und ihr Geist waren woanders. Sie waren unerkannte Genies. Ich lernte, sie nicht zu verurteilen, weil sie in schlecht bezahlten Jobs arbeiteten.

Jedes Lebewesen existiert aus einem bestimmten Grund. Vielleicht geht es nur darum, dem richtigen Menschen zum richtigen Zeitpunkt das Richtige zu sagen und damit sein Leben zu verändern. Vielleicht ist genau das dein Daseinszweck. Oder er könnte auch etwas so Komplexes sein wie die Errichtung eines Heilungszentrums oder die Entdeckung einer neuen Energiequelle oder das Schreiben des nächsten revolutionären Buchs. Wir alle haben Träume, Talente und einen Daseinszweck. Doch Gott oder das Universum haben uns auch den freien Willen geschenkt. Ein liebender Elternteil zwingt sein Kind schließlich zu nichts. Nur weil du das Talent zum Künstler hast, musst du keiner werden. Du bist nicht dazu verpflichtet, irgendetwas zu tun. Du bist frei!

Du hast die Wahl, ob du erfolgreich bist oder nicht. Die meisten Leute wissen das nicht. Sie betrachten sich als Opfer der Umstände. Nun werden vermutlich viele sagen: „Aber ich habe überhaupt kein Talent und auch keine gute Ausbildung." Dann hast du es entweder noch nicht entdeckt oder schon seit langer Zeit unterdrückt. Oder du glaubst, dass dir dein Talent zum Geldverdienen nichts nutzt. Erstaunlicherweise opfern viele Leute das, was sie lieben, um Geld zu machen. So werden sie zu Sklaven von etwas, was sie gar nicht tun möchten und was sie gar nicht sind.

Vielleicht hast du wirklich überhaupt kein Talent (obwohl das eher unwahrscheinlich ist). Ich garantiere dir aber, dass du etwas hast, was niemand sonst hat. Etwas Einzigartiges. Und wenn es nur eine große Nase ist ... auch die kann dich berühmt machen.

Aber ziehen wir hier einen Schlussstrich – denn auf all das kommt es gar nicht an.

Talent, Fähigkeiten und besondere Kenntnisse sind toll und können dir einen Vorteil verschaffen ... aber es gibt da draußen mehr als genug Supertalente, die sich fragen, woher sie das Geld für den nächsten Tag bekommen sollen. Ich weiß das nur zu gut, ich war eines davon.

Talent hat kaum etwas mit Reichtum oder Erfolg zu tun.

Du kannst der Beste in etwas sein. Du kannst die besten Fähigkeiten haben, die bestmögliche Ausbildung. Darauf kommt es nicht an. Wenn mit deiner inneren Geldprogrammierung etwas nicht stimmt, dann nutzen dir auch die besten Fähigkeiten der Welt nichts. Es gibt mehr reiche Leute bar jeden Talents, als du für möglich hältst. Wie oft schon hast du dich gefragt: „Wie um Himmels willen ist DER reich geworden?" Du weißt, dass du besser bist als er. Aber er hat Erfolg – und du nicht. Warum? Diese scheinbare Ungerechtigkeit macht dich nur noch wütender.

LEKTION ZWEI

Schluss mit Neid und Frust!

Sei nie auf jemanden böse oder wütend, der erfolgreicher ist als du. Ich weiß, dass das nicht ganz einfach ist, aber du willst doch erfolgreich sein, oder? Dann musst du zuerst deinen Geist reinigen und all deine Meinungen, deine Wut, deine Abneigungen, deinen Neid, deine Verdächtigungen, die Gerüchte und alles andere ablegen, was in die Sparte der negativen Emotionen fällt. All das ist Gift. Es hält dich arm und zieht dich nach unten. Es gibt „arme" und „reiche" Emotionen. Kennst du beide, dann gleichen sie einander aus – und du hast am Ende gar nichts. Klammerst du dich an die Negativität, dann lebst du weiterhin in der Negativität. Das ist eine sehr starke Emotion – und niemand will mit jemandem zusammen sein, dem es immer nur schlecht geht. Wenn du mit den Engeln fliegen willst, musst du Ballast abwerfen. Am schnellsten geht das, wenn du deine negativen Gefühle aufgibst.

Zum Beispiel betrachtest du einige Leute skeptisch, weil du der Ansicht bist, sie wollten nur einen schnellen Euro verdienen. Das kann stimmen oder auch nicht. Darauf kommt es aber nicht an. Von Bedeutung ist, dass es sich dabei um einen negativen Gedanken handelt, und negatives Denken HÄLT DICH IN DER ARMUT! Suchst du nach Gründen, deinen Verdacht zu belegen, wirst du immer welche finden (ob die nun stimmen oder nicht), weil du ohnehin nur sie sehen willst. Ich sage es noch einmal:

Du findest immer nur das, wonach du suchst. Du wirst immer recht behalten. So läuft es in der Welt der Quantenphysik.

Verstehst du, wie bedeutend diese Aussage ist? Du kannst jede Wirklichkeit erschaffen, die du dir wünschst. Suche und du wirst finden. Das steht sogar schon in der Bibel. „Suchet, so werdet ihr finden" (Neues Testament, Lukas 11,9 und Matthäus 7,7). Gut oder schlecht. Suchet und ihr werdet finden.

Wenn du glaubst, dass dich andere ausnehmen wollen wie eine Weihnachtsgans – dann nimmst du letztendlich mit diesem dummen negativen Gedanken nur dich selbst aus. Das Elend sucht gern seine eigene Gesellschaft. Du siehst immer alles durch die Brille, durch die du es betrachten willst – und nichts anderes. Durch eine rote Brille kann man kein Lila erkennen. Anders gesagt: Da könnte ein 500-Euro-Schein vor dir liegen, aber du erkennst ihn nicht, weil du durch eine rote (Wut-) Brille schaust. Schaust du durch die Reichtums-Brille, erkennst du überall Chancen und Möglichkeiten – und ziehst immer mehr davon an. Was glaubst du – warum werden die Reichen wohl immer reicher und die Armen immer ärmer? Das hat nichts damit zu tun, dass die Welt ungerecht ist oder die Reichen auf Kosten der Armen leben. Es gibt JEDE MENGE wunderbare und warmherzige Reiche und jede Menge bösartige und grausame arme Menschen. Aber die Brille, durch die sie die Welt betrachten, zieht mehr von dem an, was sie ohnehin sehen.

Viele glauben, ich sei reich, weil ich über Talent und besondere Fähigkeiten verfüge. Nichts ist weiter von der Wahrheit entfernt. Tatsächlich trifft das genaue Gegenteil zu. Ich konnte malen, bevor ich laufen konnte. Als Teenager konnte ich schon so gut malen und zeichnen, dass die Leute meine Bilder für Fotos hielten. Ich war so gut, dass ich ein fotorealistisches Gemälde in einem Tag anfertigte. Ich hatte viele Talente – als Bildhauer, Maler und Zeichner. Mir gelangen viele Dinge in den Bereichen Kunst, Musik, Maschinenbau, Elektronik, Architektur, Mechanik, Literatur, Mode, Schauspiel, Fotografie, Kino, Computer und so weiter und so fort. ABER ICH WAR PLEITE.

Je mehr meiner Talente ich entdeckte, desto weniger Geld hatte ich. Es verhielt sich umgekehrt proportional und es trieb mich zum Wahnsinn zu sehen, wie viele komplett talentfreie Menschen sich in ihrem Reichtum suhlten. Meine Schufterei sollte mich doch reich machen, oder? Aber nein!

LEKTION DREI
Harte Arbeit und Talent reichen nicht aus.

Meine Eltern arbeiteten hart. Ich wuchs auf einem Pferdehof auf und musste ebenfalls schwer arbeiten. Ich machte jede Arbeit und konnte alles reparieren. Ich konnte schreinern, kannte mich mit der Elektrik aus – alles und noch mehr. Meine Eltern arbeiteten von früh morgens bis spät in der Nacht. Aber sie wurden nie reich. Ich kann natürlich schuften. Dreißig

Jahre lang verdiente ich umso weniger, je mehr ich schuftete (erkennst du die Regel?). Ich war in vielen Sachen der Beste ... aber in Wirklichkeit wurde ich zum bewunderten Hilfsarbeiter. Ich wurde jemand, den man anheuerte, solange man seine Dienste brauchte. Ich arbeitete als einer der gefragtesten *Special Effects*-Künstler in Hollywood. Dabei fiel mir etwas Interessantes auf. Praktisch jeder der Produzenten, die mich anheuerten, war weniger talentiert als ich. Das war so, als wüsste ein General nicht, wie man eine Waffe abfeuert. Wie war das möglich? Das ist doch unfair. Die, die am schwersten arbeiten, bekommen das wenigste Geld? Ich arbeitete rund um die Uhr und gab mein Bestes, doch die erfolgreichen Produzenten trudelten erst am späten Vormittag an ihrem Arbeitsplatz ein, aßen dann zwei Stunden zu Mittag und verschwanden um 15 Uhr wieder. Waren das wirklich alles Kinder reicher Eltern oder verfügten sie etwa nur über gute Beziehungen? Sie verhielten sich oft so, dass ich dachte, sie seien einfach faul und verwöhnt. Entweder war also die Welt extrem unfair, oder ... oder ... die Reichen hatten ein Geheimnis, das mir verborgen blieb. Welche Zauberformel steckte dahinter? Je weniger man arbeitet, desto reicher wird man. Wie bitte? Es ist schön und gut, wenn jemand Talent hat, doch es gibt Tausende von Künstlern und Musikern. Sagt aber jemand: „Ich mache jetzt ein großes Geschäft!", dann hat er automatisch die Aufmerksamkeit der Leute. Talentierte Menschen finden sich gemeinhin als Angestellte von solchen Geschäftsleuten wieder. Und die mit den inspirierten Visionen – das sind die, die viel Geld verdienen.

Die Kraft der Anziehung

So lernte ich, dass die Reichen das Erforschte und die Ideen anderer Leute dazu verwendeten, diese in die Tat umzusetzen. Das nennt man „Produzenten". Sie produzieren. Dazu braucht man weder Fähigkeiten noch Talent – man braucht nicht einmal Geld. Du brauchst nur die nötigen Mittel, um Menschen, Ideen und Talente zusammenzuführen, die dann für dich arbeiten und etwas erschaffen, was die Welt haben will und wofür sie zu zahlen bereit ist.

Leute mit einer magnetischen Ausstrahlung ziehen Geld, andere Menschen und den Erfolg an. Worum handelt es sich bei dieser Anziehungskraft? Es ist eine elektrische Ladung, die einen Kern aktiviert. Beim Elektromagneten ist das beispielsweise ein Metallkern, um den eine Spule läuft. Setzt man diesen Draht unter Strom, wird der Kern magnetisch. Er zieht dann Münzen an. Das trifft auch auf magnetisch wirkende Menschen zu. Stehen sie erst einmal unter Strom, funkt es und sie ziehen Menschen an, eben auch talentierte Menschen, clevere Menschen und Arbeiter, die für sie tätig sein wollen und alles dafür tun würden.

Ich übersetze das für dich. Wenn es bei dir funkt, dann ziehst du alles an, was du willst. Dazu brauchst du kein Talent. Du ziehst das Talent an, das du brauchst. Du brauchst weder Geld oder Fertigkeiten noch musst du die Einzelheiten kennen – das alles kommt zu dir, wenn du erst einmal die zündende Idee hast.

LEKTION VIER
Beziehungen zu einflussreichen Leuten sind keine Erfolgsgarantie.

Wenn du die Nähe mächtiger Menschen suchst, um Almosen zu erbetteln, machst du etwas falsch. Du tust es aus den falschen Gründen und verschwendest deine und ihre Zeit. Sie sind nicht deine Eintrittskarte zum Erfolg – du musst deinen eigenen Weg finden. Ich höre das so oft: „Mein Freund kennt ein paar einflussreiche Leute. Da hänge ich mich dran." Wie viele Leute verschwenden ihr Leben, indem sie darauf warten, dass andere auf sie zukommen? Zu viele!

LEKTION FÜNF
Wissen ist keine Erfolgsgarantie.

Klugheit ist nicht gleichbedeutend mit Reichtum. Wer zu viel denkt, steht seinem eigenen Reichtum im Weg. Es gibt so viele bankrotte Genies auf der Welt, das sie fast schon zum Klischee geworden sind. „Klug" heißt letztendlich nur, das sich jemand ungeheure Mengen an Informationen gemerkt hat – in Normalfall die Ansichten und Theorien anderer, von denen sich viele später als falsch herausstellen. Ein menschliches Lexikon zu sein hat nichts mit Erfolg zu tun. Denken ist eine Form des Beurteilens. Arme Leute denken. Reiche handeln.

> *„Allwissenheit bedeutet nicht, dass man weiß, wie alles geht, sondern dass man es einfach macht."*
> Alan Watts

LEKTION SECHS
Reich geboren zu sein bedeutet nicht, dass man immer glücklich ist.

Ich lebte zwanzig Jahre lang in Hollywood unter den Reichen und Berühmten. Zu den Gören aus Beverly Hills gehören manche der hohlsten und unerfülltesten Menschen, die ich kenne. Entschuldige meine Ausdrucksweise, aber das ist einfach eine Tatsache! Dass sie in Villen wohnen, mit den Reichen und Schönen abhängen und viel Geld haben, bedeutet noch lange NICHT, dass sie glücklich sind. Die Menschen schätzen nicht, was sie sich nicht selbst erarbeitet haben. Sie können alles haben, was sie wollen; wissen aber nicht, was das sein könnte. Ich habe das immer wieder gesehen ... alles Geld der Welt zu haben und nicht zu wissen, was man damit anfangen soll. Hast du dich je gefragt, warum so viele öde Kinofilme gedreht werden? Jetzt weißt du es. Ich war wütend, wenn ich sah, wie man diesen verzogen Gören Millionen in die Hand drückte, damit sie einen Film drehen konnten – und sie filmten nur den x-ten Abklatsch von etwas längst Bekanntem. Die besten Filme stammen gewöhnlich von Leuten (Autoren, Regisseuren), die schon mal durch die Hölle gegangen sind. Sie wissen, wie es ist, wenn man etwas verliert, was man liebt. In den besten Filmen geht es immer um Schmerz – der Held ist derjenige, der seinen Überzeugungen treu bleibt und alles verliert, dann aber ohne jede Chance doch noch triumphiert. Darum war *Rocky* so erfolgreich – entgegen jede Wahrscheinlichkeit schafft es der Underdog, schaffen WIR es! Denken wir einmal an den Film *Titanic* – da besiegt die Liebe selbst den Tod. Kein verzogenes reiches Gör kann diese Emotionen spüren, weil es eben noch nie durch die Hölle gegangen ist oder schwere Zeiten erlebt hat. Das gilt es zu lernen – wer auch immer von uns Leid erfahren hat, wurde auf die eigene Großartigkeit vorbereitet. Wir haben aus gutem Grund gelitten! Was uns nicht umbringt, macht uns nur härter und bereitet uns darauf vor, jede Schlacht zu gewinnen. Wir brauchen seelische Kraft und Tiefe, um die Herausforderungen des Lebens zu bewältigen. Und die hören niemals auf.

„Viele Leute haben eine falsche Vorstellung davon, was es heißt, glücklich zu sein. Man erlangt Glück nicht durch Selbstbestätigung, sondern indem man einer lohnenden Sache treu bleibt."
Helen Keller

Reichtum garantiert noch lange keine Stabilität. Das zeigt uns die Weltwirtschaft gerade sehr eindringlich. Wenn etwas nicht auf einem festen Kern aus Wahrheit und Integrität gründet, wird es unweigerlich zusammenbrechen. Die ganzen cleveren Börsenmakler, Banker, Multi-Level-Marketing-Experten und Ich-will-schnell-reich-werden-Geschäftsleute der letzten zwanzig Jahre werden allesamt verlieren. Ihre Welt bricht auseinander, weil sie auf einer Grundlage von Gier und Papier errichtet wurde. Jeder wollte den schnellen Deal, das schnelle Geld, das große Haus. Jeder wollte nur vor seinen Freunden angeben können und hat dabei nicht gemerkt, dass er seinen Freunden egal war. Und wenn nicht, ging er ihnen höchstens auf die Nerven oder, schlimmer noch, gaben sie sich mit ihm ab, damit etwas von seinem Geld bei ihnen hängen blieb. Das ist nicht das echte Leben. Frauen heirateten reiche Männer, weil sie die Sicherheit suchten. Menschen arbeiteten zusammen, nicht weil sie sich mochten, sondern weil der andere entweder Geld oder vermeintlich gute Beziehungen hatte. All das muss scheitern. Wir haben einen Punkt erreicht, an dem offensichtlich wird, dass es so nicht mehr funktioniert.

Menschen, die reich geboren werden, können vielleicht nicht wertschätzen, was sie haben. Viele von ihnen sind vermutlich nicht glücklich. Manche verlieren sogar ihr Vermögen. Aber eines kann ich dir sagen: Die Wahrscheinlichkeit ist groß, dass sie es *bald wieder* haben und ein sehr bequemes Leben führen. Weißt du warum? Weil es für sie normal ist, reich zu sein. Sie erwarten das, also ziehen sie es ohne große Mühe an. Aber gerade an dieser Eigenschaft mangelt es den meisten Menschen – dass sie sich mit Reichtum und Freiheit wohlfühlen. Werden „normale" Leute reich, dann kostet es sie große Anstrengungen, sich dabei wohlzufühlen und nicht immer von der Angst geplagt zu werden, sie könnten all das wieder verlieren. Reiche Menschen haben keine Angst vor dem Verlust oder der Armut. Sie wissen, dass sie es immer wieder schaffen werden.

„Ich kenne den Schlüssel zum Erfolg nicht – der Schlüssel zum Misserfolg aber ist, es jedem recht machen zu wollen."
Bill Cosby

Warum wollen wir all das haben?

Eine interessante Frage lautet, WARUM so viele Menschen große Häuser und jeden Luxus haben wollen. Manche Leute machen das nur, weil die Gesellschaft ihnen diktiert, dass das den Erfolg symbolisiert. Aber die meisten tun es aus einem einzigen Grund – sie wollten von anderen BEWUNDERT und RESPEKTIERT werden, sie wollten, dass man zu ihnen AUFSCHAUT. Als Kind hatte man sie gehänselt, verprügelt, ausgelacht, runtergemacht und gedemütigt. Manche ernährten sich nicht richtig und wurden zu fetten, kranken und manchmal auch unansehnlichen Menschen. Viele hatten zerstrittene Eltern, die nicht miteinander auskamen und unter Geldproblemen litten. Manche waren

Träumer, die mit der „normalen" Welt nicht klarkamen. Es gibt viele Gründe, doch die meisten empfanden sich als Außenseiter. Die erste Hälfte ihres Lebens waren sie stets verwirrt und einsam. Wir kennen das selbst alle: Offenbar hat jeder andere mehr Spaß als wir. Die Party findet immer dort statt, wo wir gerade nicht sind. Unser ganzes Leben lang haben wir das Gefühl, dass wir etwas verpassen. Dazu kommt die Zeit, in der Menschen auf uns herabgeschaut haben, weil sie sich für etwas „Besseres" hielten. Wir fühlten uns wie die Unterschicht, nur die da oben hatten Spaß. Stimmt's?

Als wir also etwas Geld hatten, was machten wir da als Erstes? Wir kauften uns teure Sachen, um andere zu beeindrucken. „SEHT HER, ICH HABE ES GESCHAFFT ... ICH BIN JETZT SO GUT WIE IHR!" Wir stolzieren mit diesen Sachen herum in der Hoffnung, dass wir jetzt endlich von den anderen akzeptiert und anerkannt werden.

Aber für gewöhnlich durchschauen uns die anderen. Es ist nicht echt. Wir sind NICHT unsere Sachen.

Weißt du, was andere wirklich beeindruckt? Wenn sie dein WAHRES ICH erkennen. Menschen wollen die Wahrheit. Wir sind es leid, unsere Kraft zu vergeuden, indem wir im Kreis laufen. Wir wollen dort sein, wo wir hingehören ... und zwar so schnell wie möglich. Die Zeit des Angebens und des Hypes ist vorbei. Deshalb ist das Reality-Fernsehen gerade so erfolgreich. (Ironischerweise sind diese Sendungen meist gestellt und haben mit der Wirklichkeit nichts zu tun.) Trotzdem wollen die Leute dein wahres Ich sehen. Sie sind bereit, in die Wirklichkeit zu investieren, weil reale Sachen ein echter Wegweiser sind, durch den auch andere ihren Weg finden können. Welche Erleichterung! Du brauchst keinen Glitzerkram mehr, um die Bewunderung und Anerkennung der anderen zu erlangen. Die echten Helden sind die wahren, einfachen Leute, die keine Angst davor haben, sie selbst zu sein. Sie haben keine Angst davor, für das einzutreten, woran sie glauben, und zwar ganz unabhängig von den Kosten.

LEKTION SIEBEN
Wir sind nicht, was wir haben.

Das ist wichtig. Reichtum und Erfolg sind nicht gleichbedeutend mit viel Geld, einer Villa, einem dicken Bankkonto, einem Privatjet und so weiter. Das sind nur seine Nebenwirkungen. Sie sind ganz selbstverständlich im Paket enthalten. Du KANNST NICHT den Dingen hinterherjagen und dich für reich halten. Manche Leute unternehmen alles (und sogar auf ablehnungswürdige Art und Weise), um solch einen Status zu erlangen. Wenn sie ihn dann erreicht haben, merken sie, dass er hohl ist. Das ist eine ganz wichtige Sache, die man begreifen muss, wenn man wahrhaft reich, erfolgreich und glücklich werden will.

DU KANNST DEM GELD NICHT HINTERHERJAGEN,
ES MUSS ZU DIR KOMMEN.

Im Universum ist alles Energie. Alles. Deine Gedanken, dein Körper, dein Partner und dein Geld. Alles ist nur Energie. Es fließt und ist in ständigem Wandel begriffen. Es ist nie gleich, du kannst es nicht einfrieren. Leben ist Energie und Bewegung. Man kann nur dann wirklich leben, wenn man diesen Flow akzeptiert und auf ihm wie auf einer Welle reitet ... man surft auf den Wogen des Lebens. Leistest du Widerstand, brichst du, denn wenn du widerstrebst, wirst du hart, und harte Dinge brechen leicht. Elastische Dinge brechen nicht. Die meisten erfolgreichen Menschen sind flexibel und bereit, dem Flow auch ohne vorherige Ansage zu folgen. Das heißt nicht, dass sie jedem Modetrend hinterherlaufen. Es bedeutet aber, dass sie in ein anderes Land ziehen, wenn sie merken, dass Rom untergeht. Es bedeutet, dass sie keine Angst davor haben, etwas loszulassen, wenn sie merken, dass es nicht mehr funktioniert. Sie machen es dann einfach anders. Das nennt man Fortschritt. Würde es den nicht geben, befänden wir uns noch immer in der Steinzeit. Nicht, dass das an sich schlecht wäre, wenn du aber

Lust auf eine Rückenmassage in Australien hast, bevor du nach Bali jettest, um dort am Strand zu liegen und dein neues Buch in den Laptop zu tippen, dann musst du mit der Zeit gehen und im Flow mit den neuen Energien schwimmen.

Hast du einmal verstanden, dass alles Energie ist und du dich nur dem Flow hingeben musst, um Erfolg zu haben, bist du schon auf dem Weg zu deinem Glück. Wenn ich sage „sich dem Flow hingeben" meine ich damit nicht, dass du jeden Trend mitmachst und genau das tust, was alle anderen machen. Das bringt nichts. Die meisten Menschen sind wie verirrte Schafe. Irgendwer ruft: „Hey, hier spielt die Musik!" und jeder läuft dorthin. Dann ruft jemand anders: „NEIN – die Antwort auf all unsere Probleme ist HIER!" – und alle Schafe trampeln dorthin.

Nein, der „Flow", von dem ich spreche, ist viel größer. Es ist das Flüstern des Universums und die Stimme deines Herzens. Die Zeichen sind immer deutlich an die Wand geschrieben, nur wollen die meisten sie nicht lesen, weil so viele laute Leute in dem Raum um ihre Aufmerksamkeit heischen und behaupten, sie würden die Antwort kennen. Ständig werden wir abgelenkt. Viele Leute verbringen ihr ganzes Leben damit, immer den neuesten Modetrends hinterherzulaufen, dann sterben sie erschöpft, lustlos und leer. Mach du es besser! Am besten schmeißt du alles raus. Schalt den Fernseher ab. Lies keine Anzeigen mehr. Geh irgendwohin, wo es ruhig ist, und lausche auf deine innere Stimme. Was sagt sie dir? Sehr viele erfolgreiche Leute sind nach links gegangen, als alle anderen rechts abbogen. Sie taten etwas, was noch nie jemand zuvor gemacht hatte. Sie ergriffen ihre Chance. Sie hörten auf ihre innere Stimme.

Mein Freund – diese Stimme ist dein Führer zu echtem Erfolg, zu Reichtum und Glück.

Die Stimme

Du hast zwei Stimmen. Die eine sitzt in deinem Kopf und die andere in deinem Herzen.

Die im Kopf erscheint dir fast immer sinnvoll. Sie wirkt „vernünftig". Die meisten folgen ihr, weil sie auf der Logik gründet. Logik ist von Menschen gemacht. Deshalb hat sie ihre Fehler. Sie wirkt verführerisch und wird dich mit ihren großartig klingenden Gründen und Begründungen irreleiten. Ich bin sicher, dass die meisten schon einmal von einem Vertreter so bequatscht worden sind, dass sie etwas kauften, was ihnen in diesem Augenblick ganz vernünftig erschien, was sie aber aus ihrem Herzen heraus niemals gekauft hätten, wären sie nicht auf diesen Kerl gestoßen.

Ich bemerke das ständig bei Frauen und es macht mich zutiefst traurig. Frauen sind liebevolle, rechtshirnig kreative Wesen, flexibel und offen für neue Ideen. Männer sind linkshirnig und auf Logik gegründete Wesen, die wie Computer funktionieren. Jeder Mann kennt Zahlen und Statistiken. Männer reden über die PS-Zahl eines Autos und wie schnell es von 0 auf 100 beschleunigt. Frauen machen sich um derart blödes Zeug keinerlei Gedanken. Männer sind deshalb großartige Verkäufer, weil sie ganze Listen von Statistiken und beeindruckende Zahlenkolonnen herunterrasseln können. Sie sind menschliche Lexika, vollgestopft mit Wissen und Tatsachen, und vermögen damit zu überzeugen. Das beeindruckt manche Frauen, deshalb fallen sie leicht auf Betrüger herein – nicht nur in Geldfragen, sondern auch bei Beziehungen (natürlich ist das eine Generalisierung, nicht jeder und jede ist so, dennoch beobachte ich es oft). Frauen sind organischer, sie achten mehr auf ihre Intuition und ihre Gefühle.

Frauen sind von Natur aus für den Erfolg geschaffen, mehr noch als Männer, sie hatten allerdings wenige Chancen, diese Fähigkeit einzusetzen, weil unsere Welt bis heute von Männern beherrscht wird. Aber das ist gerade im Wandel begriffen. Und das ist auch bitter nötig, weil die männerdominierte Art und Weise des Handelns die Welt an den Rand des Untergangs gebracht hat.

Zeit für weibliche Energie

Ich will nicht sagen, dass die Männer jetzt gänzlich zur Seite treten und die Frauen das Steuer übernehmen lassen sollten. ... ABER die Welt kann nur wieder heil werden und wahrhaft gedeihen, wenn endlich Wahrheit, Ehrlichkeit, Intuition, Gefühl und die Stimme des Herzens in Entscheidungsprozesse miteinbezogen werden. Darin sind Frauen besonders begabt, doch ihr Talent wurde jahrhundertelang unterdrückt. Ohne Ausgeglichenheit kann die Welt nicht existieren. Jetzt geht es um *Fair Play*. Alles ist Energie. Wenn eine Frau sich in ihrer Beziehung nicht entfalten kann und ungleich behandelt wird, dann ist der Vermögensfaktor dieser Beziehung dem Untergang geweiht. Du kennst doch sicherlich den Spruch: „Hinter jedem großen Mann steht eine Frau (die ihn erst möglich gemacht hat)." Ist jemand in einer Beziehung unglücklich und nicht erfüllt, dann wirkt sich diese negative Energie allmählich als Gift aus, das jede Chance auf echten Reichtum abtötet. Jeder Mensch hat etwas zu bieten. Jeder Mensch verfügt über ein Puzzleteil. Zum Gehen braucht man zwei Beine, nicht nur eines. Jetzt ist es aber an der Zeit, nicht mehr bloß zu gehen, sondern zu RENNEN. Die Welt wird immer schneller. Es wird langsam ernst. Wir können nicht mehr länger dummen Gedankenspielchen nachhängen – was die Welt jetzt braucht, sind wahrhaftige und ehrliche Menschen, die miteinander und nicht gegeneinander arbeiten. Wenn du den Mut dazu hast, dann wirst du erfolgreich.

Reichtum ist Energie

Hast du bemerkt, dass immer dann, wenn du dasitzt und wartest, bis der entscheidende Anruf kommt, nie das Telefon klingelt? Bist du aber in den Urlaub gefahren oder hast dir einfach nur eine Auszeit mit der Familie genommen, dann kam plötzlich ein Anruf nach dem anderen. Während du nicht da warst. Warum ist das so? Denk einmal nach. Was hast du getan, als du dasaßest und auf den Anruf gewartet hast? Nichts. Und was hast du gemacht, als du in den Urlaub gefahren bist? Du hast dich BEWEGT. Du hast etwas getan. Das ist von so großer Bedeutung, dass ich diese Aussage auf eine ganze Buchseite schreiben könnte.

> „Erfolg ist schüchtern – er zeigt sich nicht, wenn du nach ihm suchst."
> Tennessee Williams

Beweg dich!

Wie kannst du Bewegung in dein Leben bringen?
Mach etwas. IRGENDWAS!
Aber sitz nie einfach nur so da und warte auf den magischen Anruf.
Fang an, etwas zu tun, was längst schon erledigt werden musste. Verputz den Riss in der Wand. Reparier die Waschmaschine. Räum den Hinterhof auf. Durchforste alles, was du besitzt, und schenk ein Drittel davon Bedürftigen. Ich mache keine Witze.
Die erste Lektion in Bezug auf Energie lautet, dass man sie am Laufen halten muss.
Die zweite Lektion lautet, dass du immer Raum für neue Energie schaffen musst.

Loslassen

Eine der besten Maßnahmen besteht darin, Dinge loszulassen. Meiner Meinung nach handelt es sich um den wichtigsten und wirkungsvollsten Aspekt des Erfolges. Denk daran – alles ist Energie und alles ist mit allem verbunden. Nehmen wir als Beispiel einen Kaugummiapparat. Du ziehst eine Packung unten heraus, die nächste fällt automatisch nach. Entsteht irgendwo eine Lücke, wird sie irgendwie gefüllt. Ist dir je aufgefallen, dass es so etwas wie ein leeres Regal nicht gibt? In dem Augenblick, in dem du ein neues Regalbrett anbringst, stellt oder legt sofort jemand etwas darauf, sei es ein Stapel Papier, einen Schlüsselbund oder ein Glas. In dem Augenblick, in dem wir Platz schaffen, füllen wir die leere Stelle, selbst wenn wir denken, dass wir dort etwas nur eine Zeitlang aufbewahren – Raum wird immer gefüllt. Wie es in dem Film *Feld der Träume* so schön und gleichzeitig so geheimnisvoll heißt: „Wenn du es baust, wird er kommen." Der Protagonist des Films kann damit zunächst nicht viel anfangen, doch letztlich erkennt er, dass es wirklich wahr ist. Er macht etwas, er beginnt an seinem Traum zu arbeiten ... und dann passiert etwas! Willst du Vögel anlocken, stellst du ein Vogelhäuschen auf und gibst Futter hinein. Willst du, dass Bienen kommen, pflanzt du Blumen. Wenn du IRGENDETWAS willst, dann bereite dich jetzt schon darauf vor. Schaff dafür Platz. Stell das Willkommenschild auf.

„Uns macht nicht reich, was wir erhalten, sondern was wir weggeben."
Henry Ward Beecher

Du kannst nichts Neues in dein Leben ziehen, wenn es schon so vollgestopft ist. Ist dein Haus voll mit altem Zeug? Ist dein Gehirn voll mit Müll? Ist dein Körper voller Müll? Ist dein Job unerträglich? Sind deine Freunde Idioten? Wie sieht es in deiner Garage aus? Wie viele von den Klamotten in deinem Schrank ziehst du wirklich noch an? Wie oft klappst du denn wirklich eines deiner Fotoalben auf? Wie steht es mit deinen alten Schallplatten, CDs und Cassetten? Ich rate dir: Werde das Zeug los! Was brauchst du denn wirklich davon? Du hast das Gefühl, dass dein Leben stillsteht? Du willst neue Kraft und Energie in deinem Leben? SCHAFF PLATZ! Das ganze Zeug ist dir nur eine Last und stillstehende Energie. Es bremst dich. Jede Menge emotionaler Ballast hängt daran. Wenn du fliegen willst, musst du Ballast abwerfen. Das ist kein esoterischer Quatsch – sondern die simple Wahrheit.

In meinem Buch *Heile dich selbst* besteht der wichtigste Schritt zur Heilung – und zwar von allen gesundheitlichen Problemen, die man sich nur vorstellen kann – darin, den Körper durch Fasten, Wasser, Säfte, Einläufe und Darmspülungen zu reinigen. Der Körper muss von oben bis unten, vom Mund bis zum Anus, eine schöne, blitzsaubere Röhre sein. Wenn irgendetwas in uns feststeckt, fängt es an zu faulen – und so beginnt eine Krankheit. Der erste Schritt zu wahrer Gesundheit – in Körper, Geist und Seele, in Wirtschaft, bei den Finanzen und in jeder Beziehung – liegt also darin, alles gründlich zu säubern. Unser Leben muss ordentlich durchgespült werden. Willst du reich sein, brauchst du einen guten Lebens-Einlauf. All das harte, verkrustete Dreckszeug, das in unserem Leben steckt, muss herausgewaschen werden.

Vereinfachen

Dein Leben ist viel zu kompliziert. Vereinfache es. Du verteilst deine Energie auf zu viele Richtungen auf einmal. Da überrascht es nicht, dass dir alles zu viel wird und du nicht vorankommst. Schmeiß alles in deinem Leben weg, was du nicht unbedingt brauchst. Schalte einen Augenblick lang deinen Verstand ab und denk nicht mehr logisch nach, wie etwa „eines Tages werde ich das noch mal brauchen." Nein. Wenn du es jetzt nicht brauchst, JETZT, dann wirf es weg. Verkauf es, spende es oder wirf es weg. Wenn du reicher geworden bist, kannst du etwas Neueres und Besseres kaufen. Je schneller du in diese Stimmung kommst, desto schneller bist du frei für den Erfolg.

Wenn du VIEL Erfolg haben willst, brauchst du VIEL Platz. Alles, was du jetzt besitzt, kannst du später durch etwas Neueres und Besseres ersetzen. Du brauchst nur einen gesunden Körper, Integrität, Liebe und die Freiheit, du selbst zu sein. Du kannst neue Kleider bekommen, das modernste Auto, die schönste Villa, bessere Freunde und – wenn es denn sein muss – sogar eine unterstützendere Beziehung. Mach dir keine Sorgen, du wirst immer echte Freunde haben, die für dich da sind. Aber treib es mit dem Aufräumen auf die Spitze. Vereinfache dein Leben wie niemals zuvor. Dann kannst du dich besser konzentrieren.

> *„Kannst du es einem Sechsjährigen nicht erklären, hast du es selbst nicht verstanden."*
> Albert Einstein

Den Sinn im Blick

Ohne Sinn im Leben, ohne Ziel und Zweck bist du ein depressiver Zombie. Ein absichtsvolles Leben gleicht einem funktionierenden Motor. Was also ist der Sinn in deinem Dasein? Wofür bist du hier?

Die Antwort ist einfach: um ganz und gar du selbst zu sein.

Es ist wirklich so einfach. Es ist die größte Ehre, die du deinem Schöpfer erweisen kannst. Er hat dir einzigartige Charakterzüge mitgegeben, über die niemand sonst verfügt. Was machst du damit? Hör auf die Signale – du bist eine Funkantenne – du erhältst ständig Signale, was du tun oder lassen sollst. Die meisten Menschen hören sie aber nicht deutlich oder gar nicht, weil in ihrem Leben so ein Lärm herrscht. Bei all den Telefonanrufen, all dem Reden, dem Internet, den Rechnungen, der Verantwortung, den Reparaturen und so weiter. Da kann man nicht richtig denken. Sorge auf jeden

Fall dafür, dass du einige Zeit für dich selbst hast, um dich zu konzentrieren. Als ich dieses Buch schrieb, stieg ich in mein Auto und fuhr allein nach Palm Springs, suchte mir ein nettes kleines Hotel und versteckte mich vor der Welt, damit ich mich auf das Schreiben meines Buchs konzentrieren konnte.

Manchmal musst du einfach aus deinem gewohnten Leben ausbrechen, um Ordnung in deinen Kopf und in dein Herz zu bringen. Man hört die innere Stimme schwer, wenn überall Ablenkungen lauern.

Nicht auf die richtige Weise zu leben und zu essen stört deine Fähigkeit, Signale zu empfangen, ebenfalls. Dein Körper ist eine einzige, große Antenne. Sie kann Geräusche, Bilder, Videos, Gerüche, Berührungen und psychische Botschaften empfangen. Wenn aber dein Körper verstopft ist und nicht richtig funktioniert, hast du keine guten Antennen mehr. Du wirst erstaunt sein, wie klar du bist, wenn du erst einmal Geist und Körper gereinigt hast.

„Der Sinn des Lebens ist ein sinnvolles Leben."
Robert Byrne

Hab keine Angst

Ich weiß genau, dass manche jetzt sagen werden: „Das ist ja schön und gut für dich, Markus, du kannst ja tun und lassen, was immer du willst. Wir normalen Leute aber tragen Verantwortung, wir müssen Rechnungen bezahlen." Bla, bla, bla. Weißt du, was das ist? Das sind nichts als Ausreden!

Zuerst einmal bin ich nicht immer reich und berühmt gewesen. Ich bin bereits ganz tief unten gewesen, und es gab eine Zeit in meinem Leben, da lebte ich einige Wochen lang wortwörtlich im Schrank eines Freundes. Ich scherze nicht.

„Das größte Hindernis vor dem Erfolg ist die Angst vor dem Scheitern."
Sven Goran Eriksson

Aber weißt du was? Wenn du praktisch nichts zu verlieren hast, kannst du nur noch gewinnen.

Die meisten Menschen stecken in einer dysfunktionalen Beziehung (bei der Arbeit, persönlich, finanziell, bei Freunden und so weiter), machen aber immer weiter damit. Du kennst doch sicherlich die Redensart: „Wenn man zweimal dasselbe tut, darf man kein anderes Ergebnis erwarten." Dennoch machen die Leute immer wieder dasselbe und erwarten trotzdem, dass wie durch Zauberkraft alles anders wird.

Warum klammern wir uns so sehr an etwas, das nicht funktioniert?

Die Antwort ist ganz einfach: aus Angst. Für die meisten ist es leichter, sich an etwas zu klammern (selbst wenn es Mist ist), als gar nichts zu haben. Gib's schon zu ... es stimmt. Wir haben Angst, dass wir sowieso nichts Besseres finden. Wir hoffen, dass sich unsere derzeitige Situation irgendwie ändern wird. Das vermittelt uns eine scheinbare Sicherheit. Auch wenn ich das nicht gern sage: Wenn du darauf wartest, dass jemand anders sich ändert, dann kannst du lange warten, denn die meisten Menschen tun das nicht. Der Mensch ist ein Gewohnheitstier. Hat er erst einmal ein Muster erlernt, wird er es nur schwer brechen. Natürlich gibt es immer ein paar oberflächliche Veränderungen, aber im Kern bleibt der Mensch derselbe. Das musst du von nun an einfach akzeptieren.

„Der Pessimist sieht bei jeder Möglichkeit die Schwierigkeiten.
Der Optimist sieht in allen Schwierigkeiten die Möglichkeiten."
Winston Churchill

Verschwende deine Zeit nicht damit, jemanden ändern zu wollen. Wenn andere sich wegen deines Genörgels ändern, dann nur kurzzeitig, außerdem ärgern sie sich, weil du willst, dass sie jemand werden, der sie nicht sind. Der Wandel geschieht völlig natürlich und ganz von selbst. Dir bleibt nur, ein leuchtendes Beispiel zu sein, das andere zum Wandel inspiriert, die anderen müssen das aber aus freien Stücken tun und wenn sie dazu bereit sind – das geht dir häufig nicht schnell genug.

Ich will nicht, dass du das Kind mit dem Bade ausschüttest, aber wenn du erfolgreich sein willst, darfst du nicht darauf warten, dass es andere für dich tun oder sogar mit dir. Du bist auf dich allein gestellt. Fang ohne sie an. Wenn sie mitmachen wollen, werden sie schon kommen. Aber rechne nicht damit.

Auch wenn es dir Angst macht – TU ES TROTZDEM!

Das Universum gibt dir alles, worum du es bittest; wenn du aber Angst hast und zweifelst, dann machst du deine Bestellung rückgängig. Sagen wir zum Beispiel, du hoffst auf einen finanzstarken Investor ... das Universum schickt dir einen.

In diesem Augenblick aber denkst du: „Das ging mir zu einfach. Wo ist da der Pferdefuß? Das kann nur ein Betrüger sein. Was ist, wenn der gar kein Geld hat? Kann ich ihm wirklich trauen? Und wenn er mich nur an der Nase herumführt? Und was, wenn ...? Und wenn ...? Und wenn ...?"
... und natürlich wird nichts investiert. Denn du pessimistischer Dummkopf hast den Investor verscheucht. Wer arbeitet schon mit jemandem, der ihm nicht vertraut? Was wäre das denn für eine Beziehung? Vergifte deine Chancen nicht länger durch deine Angst und Negativität.

Wer will schon von negativen, zweifelnden Menschen umgeben sein? Niemand. Reiche sind genauso Menschen wie du. Sie kennen dieselben Gefühle, auch die Angst, ABER sie lassen sich von ihr nicht abhalten. Sie lassen sich von dem „Was wäre wenn" nicht in den Wahnsinn treiben. Sie lassen sich durch Negativität nicht bis zur Untätigkeit lähmen. Sie handeln trotz aller Bedenken und Ängste. Die Armen andererseits warten ab, bis sich die Angst gelegt hat (was sie nicht tut). Sie verzögern, halten inne, schieben auf die lange Bank – und nichts ändert sich, also geben sie auf und flennen. Entweder du machst etwas oder du lässt es sein. Je länger du wartest, desto geringer wird die Chance, dass etwas passiert, denn jeder weitere Tag bedeutet zusätzliche Ablenkung. Schließlich ist die Idee so tief vergraben, dass du dich gar nicht mehr daran erinnerst, dass du sie einmal hattest.

Ziehe die Menschen auf dein Niveau hinauf. Lass dich nicht von ihnen auf ihres herunterziehen.

Warte nicht länger

Man wartet immer nur auf andere Leute, nie auf sich selbst. Eine der besten Möglichkeiten, Zeit zu verschwenden, besteht darin, auf andere zu warten. Warte nicht länger, sondern handle jetzt. Die Menschen, die nur auf dich gewartet haben, kommen dann aus der Versenkung, wenn du sie brauchst. Das Handeln hat einen bestimmten Zauber. Geh jetzt einfach los. Andere schließen sich dir an. Mach dir aber klar, dass es nicht unbedingt die Leute sind, die du erwartet oder erhofft hast. Du bekommst, was du brauchst, nicht, was du willst. Lass dich davon aber nicht entmutigen. Vielleicht hast du dir einen Toyota gewünscht, das Leben aber meinte: „Nein, der braucht einen Mercedes!" Hab also keine Angst mehr. Du erhältst immer, was du brauchst. Das, was du glaubtest zu brauchen, muss nicht immer richtig für dich sein, denn das gründete ja nur auf deiner Meinung, die einmal deiner Wissenslage entsprach.

Wenn du weiter wartest, wirst du es niemals tun. Also warte nicht mehr länger.

„Der Trick ist, nicht zu sterben, während man auf den Erfolg wartet."

Lee Iacocca

Gib dich dem Erfolg hin

Das Universum sieht viel weiter als du aus deiner begrenzten Lebensperspektive. Hab Vertrauen und überlass dich dem Flow. Halte nicht länger an etwas fest, was nicht funktioniert. Hol dir einen Experten, der dein Leben einem *Upgrade* unterzieht. Das Universum macht das bereits viel länger als du ... und es weiß genau, was es tut.

Keine Ausreden

Ausreden sind eine Form der Angst. Es sind immer faule Ausreden. Wenn du eine Ausrede hast, hast du keinen Erfolg. Sieger lassen sich durch NICHTS aufhalten. Wenn du etwa sagst: „Ich muss noch eine Hypothek abbezahlen, ich habe Kinder, da sind die Raten für das Auto, ich muss noch bla, bla, bla ..." – dann bist du in deiner kleinen Welt gefangen. Solange du dich aber als Gefangener betrachtest, kannst du niemals frei sein. Wenn du aus deinem Gefängnis ausbrechen willst, musst du bereit sein, deine Chance zu ergreifen. Natürlich werden die Gefängniswärter versuchen, dich aufzuhalten. Es gibt da immer die Angst vor dem Tod (Tod des Anstellungsverhältnisses, Tod der Beziehung – mein Partner könnte mich verlassen, und so weiter). Aber das ist nur vorgetäuscht. Das Universum versucht herauszufinden, wie ernst du es wirklich meinst. Du musst beweisen, dass du ein Anführer sein willst (in deinem eigenen Leben), sonst bleibst du stets ein Gefolgsmann (in deinem eigenen Gefängnis).

Noch einmal: Alles ist Energie. Positive Energie zieht positive Energie an und negative Energie zieht jeden runter. Warum wohl nennt man schlechte wirtschaftliche Zeiten auch „Depression"? Und wenn Menschen depressiv sind, zieht das ... du ahnst es schon ... nur weitere Depression und Unglück an. Dinge gehen kaputt. Geld geht verloren. Du bewegst dich auf einer Negativspirale – ein riesiger Magnet der Negativität.

Wenn du dich nun beklagst und dich beschwerst, dann machst du es nur noch schlimmer. Ich weiß, dass es gut ist, Dampf abzulassen, aber damit ziehst du nur die anderen runter und erzeugst zusätzliche negative Energie, die zusätzliche negative Aspekte in dein Leben zieht, damit du siehst, wie recht du doch hast. Das, auf das du deine Energie konzentrierst, ziehst du an. Wenn du immer nur jammerst, dann ziehst du immer mehr in dein Leben, über das du jammern kannst. Sich zu beschweren verwandelt dich in einen Magneten für Unglück und Pech.

Willst du dein Leben verbessern, dann halte dich von Jammerlappen fern – und vor allem: Werde selbst keiner! Negative Energie gleicht einem Virus, der dich und dein Leben infizieren kann. Halte dich fern! Wünsche solchen Menschen alles Gute, dann zieh deiner Wege.

Viele der reichsten Menschen haben ihr Vermögen in schweren Zeiten erworben. Warum wohl? Nicht, weil es schlechte Menschen sind, die einer riesigen Verschwörung angehören, sondern weil sie in allem ihre Chancen erkennen. Sie sehen keine Negativität, sondern Möglichkeiten. Natürlich haben manche ihren Vorteil aus anderen gezogen, aber es geht auch anders. Während der Weltwirtschaftskrise kam zum Beispiel jemand auf die tolle Idee, Suppenküchen zu eröffnen, die für ein paar Cent einen Teller Suppe verkauften. Das war natürlich sofort ein Riesenerfolg und er wurde damit reich. Macht ihn das zu einem schlechten Menschen? Jetzt sagen manche: „Aber ja doch – er hätte die Suppe auch verschenken können, wenn es ihm wirklich um die Menschen gegangen wäre."

Selbstmitleid und Armutsbewusstsein

Auch ich bekomme solche Meinungen manchmal zu hören. Die Leute sagen manchmal, ich solle meine Bücher und DVDs verschenken, wenn ich wirklich die Welt verbessern wollte. Aber mich kosten diese Dinge auch Geld und ich muss ebenfalls Rechnungen bezahlen.

Immer, wenn du erfolgreich geworden bist, sind da auch diese negativen, unglücklichen und wütenden Menschen, die dich auf ihr Niveau herabziehen wollen. Sie stecken fest und sind so lange nicht zufrieden und glücklich, bis auch alle anderen so wie sie feststecken. Das Elend braucht Gesellschaft. Tut mir leid, aber ich will da nicht sein. Man spricht vom Armutsbewusstsein – eine Krankheit, an der viele Menschen leiden. Sie suchen den einfachsten Ausweg. Sie halten sich gern für die Opfer einer umfassenden Verschwörung, über die sie keine Kontrolle haben. Sie suhlen sich in ihrem eigenen Selbstmitleid und ziehen alle anderen runter. Sie geben gern jedem und allem die Schuld an ihren Problemen. Bist du zu lange in ihrer Nähe, geben sie vermutlich auch dir noch die Schuld. Wenn es dir finanziell besser geht als ihnen, wirst du schnell zur Zielscheibe ihrer Vorbehalte und Abneigungen.

Betrachten wir das einmal genauer. Was wollen sie wirklich? Wenn du ihnen Geld gibst, geben sie es aus und stehen kurz danach wieder dort, wo sie gewesen sind. Sie wollen dir beweisen, dass sie recht haben, dass sie die Opfer sind und dass die Mitglieder der großen Verschwörung hinter ihnen her sind. Sie wollen unser Mitleid. Aber was ist denn Mitleid eigentlich? Denk einmal drüber nach. Sie wollen AUFMERKSAMKEIT – genau wie die Menschen, über die ich bereits gesprochen habe und die Statussymbole brauchen, damit sie von ihresgleichen geachtet und anerkannt werden. Mitleid ist nur eine weitere Form der Anerkennung. Es ist eine Droge, Menschen können davon ebenso abhängig werden wie andere Drogenabhängige von irgendeiner Substanz. Es ist eine schreckliche Falle, in die man tappt. Schließlich machen die Menschen die idiotischsten Sachen, um Aufmerksamkeit zu erhalten. Ihnen stößt ein Unglück zu und sie verstehen nicht, warum es ihnen regelmäßig zustößt und ihren Mitmenschen nicht. Wenn man ihnen sagt, dass sie selbst es anziehen, reißen sie dir wahrscheinlich den Kopf ab. Es ist eine ziemlich schwierige Sache. Vielleicht sollten sie sich dieses Buch kaufen.

Zieh dich selbst aus dem Sumpf

Ich schenke Leuten, die nach Aufmerksamkeit heischen, keine Beachtung. Es erbost mich sogar, wenn jemand auf „armer Kerl" macht und

Mitleid fordert. Ich weigere mich, es ihnen so einfach zu machen. Man nennt das „Ermächtigung". Ich fühle mit den Menschen, die sich selbst nicht bemitleiden, und die *trotz ihrer Lage* lächeln. Das Leben ist kein Ponyhof – je schneller Menschen begreifen, dass sie sich SELBST an ihren eigenen Haaren aus dem Sumpf ziehen müssen, desto schneller sind sie auf dem Weg zu Freiheit und Glück.

Geborgenheit

Diese Denkweise erschafft mentale Muster. Erinnere dich – wir Menschen sind Gewohnheitstiere und Gewohnheiten lassen sich nur schwer ändern. Eine der von uns geschaffenen Gewohnheiten ist unser Grad an Geborgenheit. Viele Menschen sind darauf „gedrillt", dass sie sich mit wenig oder keinem Geld nicht geborgen fühlen. Aber sie fühlen sich auch mit viel Geld nicht wohl oder geborgen. Würde man es ihnen geben, wüssten sie nichts damit anzufangen oder damit umzugehen. Man sieht das ja immer wieder – irgendein armer Schlucker hat einen Sechser im Lotto, wirft das ganze Geld zum Fenster heraus und ist dann wieder bankrott.

Andererseits sind Reiche das genaue Gegenteil. Sie sind darauf „programmiert", sich als Reiche geborgen zu fühlen. Ganz gleich, was ihnen zustößt, sie kommen immer wieder auf die Füße. Donald Trump war ein halbes Dutzend Mal pleite, aber er kam immer wieder zurück. Die Leute kommen immer dorthin zurück, wo sie sich geborgen fühlen. Natürlich werden die meisten sagen, sie wären gern reich und hätten gern ein schönes Leben, aber tief in ihnen sitzt dieses nagende Gefühl:

1. Es passiert wahrscheinlich sowieso nicht.
2. Wenn es passiert, hält es ohnehin nicht lange an.
3. Das Finanzamt holt sich sowieso den größten Teil davon.
4. Die anderen werden neidisch und ich habe keine Freunde mehr.
5. Das Leben wird dann noch komplizierter.

Und so weiter und so fort.

Erkennst du den gemeinsamen Nenner dieser Gedanken? Sie alle sind negativ. Tief in ihrem Inneren senden solche Menschen also bereits die Botschaft an sich und an das Universum, dass sie es gar nicht so sonderlich toll fänden, wenn sie reich wären. Sie haben sich schon ins eigene Knie geschossen, noch bevor irgendetwas passiert ist. Das ist das genaue Gegenteil von dem, was ein Reicher denkt. Wenn du reich werden willst, MUSST du diese Programmierung ändern.

Woher aber stammt dieser Programmierung?

Von überall. Von deinen zynischen Eltern – *„Reiche sind schlecht. Sie sind Geier, Heuschrecken, gewissenlos. Sie sind die Ursache aller Probleme auf der Welt."* Bla, bla, bla ... Wie ist es denn in Spielfilmen und im Fernsehen – da sind die Reichen immer die Bösen. Stimmt's? Im Allgemeinen verachten die Leute die Reichen. Und wollen wir wirklich zu dem werden, was alle verachten? Denk darüber einmal nach. Zurück zum Anfang: Wir wollen respektiert, geliebt, ja sogar vergöttert werden. Wir wollen, dass uns die Armen als einen Helden betrachten. Das ist nicht möglich, wenn wir in einer Burg hoch über ihren Köpfen wohnen. Dieses grundlegende Gefühl untergräbt all unsere Mühe, reich und vermögend zu werden. Wir glauben, dass uns die Menschen verachten werden und all unsere Anerkennung, für die wir unser Leben lang so hart gearbeitet haben, den Bach runter geht.

Kommen wir noch einmal zu der gefärbten Brille zurück. Tragen wir eine „Arme-Leute-Brille", sehen wir nur arme Leute, sie werden zu unserer Welt. Von ihnen wollen wir respektiert werden. Wir tun alles Mögliche, nur um von den armen Leuten anerkannt zu werden. Wir glauben sowieso, dass es nur ein paar Reiche in den besten Wohnlagen gibt – und sie alle haben ein kaltes Herz und sind der Abschaum.

Setzen wir uns aber eine „Reiche-Leute-Brille" auf, erblicken wir plötzlich eine völlig neue Welt ... Wow! Wo kommen denn all die reichen Leute her? Ich hätte nicht gedacht, dass es so viele davon gibt! Ja, das stimmt – es gibt mehr Millionäre, als du glaubst. Sogar bei der gegenwärtigen Wirtschaftslage, und es werden jeden Tag mehr. Und stell dir vor: Viele davon sind auch noch ganz nett! Sie wirken anders als andere. Sie haben mehr Klasse, sie benutzen keine Gossensprache, sie wirken entspannter, sind freundlicher, sie sagen nicht immerzu negative Sachen wie die Armen. Hm. Das sollte dir die Augen öffnen. Die Reichen sind nicht durch die Bank weg schlecht. Tatsächlich sind die MEISTEN von ihnen ziemlich nett.

Jetzt begreifst du, dass Geld nur wie ein Verstärker wirkt. Bist du ein schlechter Mensch, wirst du ein mächtiger schlechter Mensch. Bist du aber ein guter Mensch, dann hast du nun die Macht, mehr Gutes für die Welt zu tun ... und zudem all das, was du schon immer tun wolltest, zum Beispiel Ferien in der Südsee machen.

REICH DENKEN

Als Erstes müssen wir also wie die Reichen denken, wenn wir reich werden wollen.

Wenn dir gerade eben „gierig" oder „egoistisch" oder „kaltherzig" in den Sinn kam, hast du dich dabei erwischt, dass du arm bleiben willst. Du hast gerade deine innere Programmierung freigelegt. Diese Programmierung ist schädlich. Deine Eltern haben sie dir vor Jahren aufgezwängt und die Gesellschaft hat sie durch ihre Gehirnwäsche verstärkt. Schau dir diese Gesellschaft gut an – schau genau hin – sie ist ziemlich kaputt. Sie zerbricht. Die Menschen sind unglücklich und sterben zu Millionen … und auf diese Gesellschaft willst du hören? Das ist ja so, als würdest du die Ratschläge von Drogensüchtigen und Geisteskranken befolgen.

Die meisten von euch haben keinen blassen Schimmer, wie die Reichen wirklich sind. Du weißt ja nur, was man dir erzählt oder was du im Fernsehen siehst. Ich habe mein ganzes Leben lang Reiche gekannt und ich kann dir aus erster Hand sagen, dass sie sich in nichts von dir oder mir unterschieden – außer in ein paar Kleinigkeiten. Aber diese Kleinigkeiten haben es in sich, wenn es um den Unterschied zwischen reich und arm geht.

Die Perspektive der Reichen

Das erste, was ich merkte, war, wie gelassen und freundlich sich die Reichen verhielten.

Nun kommst du und sagst: „Das ist ja auch einfach, wenn man reich ist – da hat man keine Sorgen." Zuerst – wenn du das gerade gedacht hast, dann hast du wieder ein „armes Muster" entdeckt, in dem du festhängst. Das ist negative Energie, und nichts hält dich sicherer arm als negative Gedanken, Sarkasmus und Wut.

Ich habe es bereits gesagt – die Reichen sind auf eine bestimmte Weise programmiert. Sie sind deswegen so ruhig und freundlich, weil sie AUF DIESE WEISE DENKEN. Ich will es noch einmal mit anderen Worten sagen: Sie denken positiv – selbst wenn sie pleite sind. Ich weiß das, weil ich so bin. Ganz gleich, was auch passiert, ich verliere nie meinen allem zugrunde liegenden Optimismus. Selbst als ich in dem Schrank wohnte, war ich noch immer optimistisch, voller Hoffnung und Ruhe, weil mir klar war, dass es sich nur um eine vorübergehende Phase in meinem Leben handelte.

Die Reichen fühlen sich nicht wegen ihres Geldes wohl, sondern weil sie sich MIT SICH SELBST wohlfühlen. Sie haben keine Angst davor, sie selbst zu sein, zu sagen, was sie fühlen, und an ihren Gefühlen und Glaubenssätzen festzuhalten. Geld ist bloß eine der Nebenwirkungen, wenn man zufrieden mit sich und seinem Leben ist. Du jagst nicht dem Geld nach, sondern der Integrität. Das ist nicht einmal so schwer, wenn man es eine Zeitlang gemacht hat. Es ist wie ein Muskel – je öfter man ihn einsetzt, desto einfacher wird es – und desto weniger Angst hast du davor, du selbst zu sein.

„Es gibt nur eine Art von Erfolg – sein Leben so zu leben, wie man es will."
Christopher Morley

Jetzt sagst du, die meisten Reichen hätten aber gar keine Integrität, sie seien herzlos und würden die Menschen ausnutzen. Es gibt überall schlechte Menschen, sowohl unter den Reichen als auch unter den Armen. Aber das Leben ist ein Film, und manche Bösewichte spielen ihre Rolle nur zu gut. Sie sind zumindest so integer, den Bösen zu spielen und ihre Rolle beizubehalten. Wenn du sie als Schauspieler betrachtest, die nur ihre Rolle sehr gut spielen, musst du lachen und ihr Talent bewundern, weil du sie als das wahrnimmst, was sie wirklich sind. Jetzt hast du keine Angst mehr vor ihnen. Dennoch – was ich sagen will ist: Die Reichen fühlen sich wohl mit sich selbst. Sie tun, was ihnen Spaß macht.

> *„Es ist besser, für das gehasst zu werden, was man liebt, als für das geliebt zu werden, was man nicht ist."*
>
> Andre Gide

Anderseits tun die meisten armen Menschen, was ihnen keinen Spaß macht, und hoffen darauf, dass sich das irgendwann einmal ändert (was es aber gewöhnlich nie tut).

All das kann sich jedoch ändern. Dazu brauchst du nur eine veränderte Sichtweise. Du musst alles loslassen, was du gewohnt bist. Theoretisch müsste dir das nicht besonders schwerfallen, immerhin gefällt dir dein Leben ja nicht – sollte man meinen. Aber erstaunlicherweise klammern sich die meisten Menschen wie wild an ihr dysfunktionales Leben, weil sie nichts anderes kennen. Sie haben lieber etwas Dysfunktionales als gar nichts. Aber „nichts" ist ja nicht möglich. Es wird immer etwas geben.

Als ich nackt in der Wüste saß, wortwörtlich mit NICHTS – keinem Haus, keinem Geld, keinem Handy, keinem Plan, keinen Rechnungen, keinen Terminen, niemandem, der auf mich wartete oder um den ich mir Sorgen machte – fühlte ich mich lebendiger als je zuvor. Ich war wie berauscht. Wenn die Kaninchen, Schildkröten, Vögel und Eidechsen um mich herum glücklich leben konnten, warum ich nicht auch? Sie hatten ein sorgenfreies Leben, sonnten sich, hatten drei Mal am Tag Sex, schliefen, schlenderten umher, spielten und ruhten sich aus. Keine Hypothekenzahlungen, kein Stress. Ich lernte, wie man Wildpflanzen isst und begriff, dass uns die Natur für unser Überleben alles frei Haus liefert. Wir müssen nicht verhungern.

Man kümmert sich um uns, auch wenn wir nichts mehr haben.

Das ist ein Durchbruch im Verständnis. Sobald du begreifst, dass du nicht verhungern kannst, verändert sich dein Grad an Zuversicht radikal. Das verändert das gesamte Spiel. Endlich kannst du die Risiken eingehen, die du zuvor nie gewagt hast. Ja, klar, du kannst dein Haus verlieren, dein Auto, deinen Arbeitsplatz und deine Freunde ... aber was soll's? Es gibt ja Millionen anderer, viele davon sind sogar besser und neuer als die, die du hattest. Es verwandelt sich in ein aufregendes Spiel. Nimmt dir das Leben etwas weg, ersetzt es das gewöhnlich durch etwas Besseres. Wir sind hier, um das Leben in all seinen Geschmacksrichtungen zu erfahren. Wie wird es dir heute schmecken? Klammere dich nicht an Sachen, die dir Probleme bereiten.

Dein Spiegel

Versteh mich nicht falsch. An meiner Partnerin hänge ich mit romantischer Leidenschaft. Wir werden immer unsere Probleme und Differenzen haben, weil zwei Menschen niemals gleich sind. Und genau das erwarte ich. Ich betrachte Partner als Echolot, als Sparringspartner, beste Freunde, Gewissen, Spiegel und gerechte Strafe. Es ist immens wichtig, jemanden zu haben, der einem sagt, was er denkt und sieht. Die meisten Leute haben nicht den Mut, dir zu sagen, wenn noch ein Popel an deiner Nase hängt. Suche nicht nach dem perfekten Partner, den gibt es nicht. Perfektionisten sind immer unglücklich. Dein Partner ist wie ein besonderes Talent; er ermöglicht dir, dich so zu sehen, wie du dich selbst nie sehen würdest. Partner treten genau zum richtigen Zeitpunkt in dein Leben und gehen wieder, wenn ihre Aufgabe erfüllt ist. Das ist dann kein Scheitern, sondern eine Vollendung. In der Schule haben wir auch jedes Jahr einen neuen Lehrer.

Wie die Reichen musst du dich mit dem wohlfühlen, was ist. Du musst dich bei dem Gedanken wohlfühlen, dass du jederzeit alles wieder verlieren kannst. Das ist dann auch okay: denn es macht dich frei und schafft Platz für das neueste *Upgrade*, um was es sich dabei auch immer handelt ... Haus, Auto, Arbeitsplatz, Freunde, Beziehungen und so weiter. Hetz dich nicht. Genieße, was du hast, in jedem Augenblick in vollen Zügen. Genieße jeden Happen, als wäre es dein letzter, denn das könnte tatsächlich der Fall sein. Wenn du es so machst, wirst du nie etwas bereuen.

Im Leben geht es nicht um Geld, sondern um Wertschätzung. Konzentriere dich auf das, was du hast und nicht auf das, was du nicht hast.

Je wohler du dich mit dir selbst fühlst und je mehr du all die magischen Momente des Lebens genießt – die Hummel an einer Blüte, den warmen Sonnenstrahl auf deiner Haut, die sanfte Brise auf deinen Kleidern, wie sich das Haar von jemandem anfühlt, das Geräusch ihres Atems, der Blick in ihren Augen – desto eher bist du bereit für deinen Reichtum. Das Leben schenkt dir nichts Großes, wenn du die kleinen Geschenke nicht wertzuschätzen verstehst. Würdest du jemandem Millionen Euro schenken, der das nicht zu schätzen wüsste? Natürlich nicht. Warum also sollte dir das Leben all das geben? Und wer ist der Meister deines Lebens? Ganz klar: du selbst.

Es gibt also dein äußeres Ich, das dir sagt, dass du den Erfolg verdient hast. Dann kommt dein inneres Ich, das realistischer ist und erkennt, dass du noch nicht bereit bist. Du ziehst den Erfolg erst dann an, wann du bereit dafür bist.

Dich darauf vorzubereiten ist aber nicht allzu schwer, wenn du erst keine Angst mehr vor dem Unbekannten hast. Ersetze Angst durch Aufregung. Überstimme logische Einwände durch dein Bauchgefühl. Die Dinge sind nicht immer so, wie sie scheinen, ganz gleich, wie logisch etwas auch wirkt. Das Leben ist ganz großes Kino – also ist vieles auch nur Kulisse. Die Leute sagen nicht immer die Wahrheit. Die echte Wahrheit findest du intuitiv und mit dem Herzen.

Reiche Leute denken anders. Sie sind Gewinner und denken wie Gewinner. Sie sind mutig. Sie gehen das Leben frontal an, selbst wenn ihnen das Angst macht. Sie wollen das Beste, weil sie wissen und spüren, dass sie es verdient haben. Sie scheffeln Geld, um frei zu sein und das zu tun, was sie wollen.

Arme Leute andererseits müssen Geld verdienen, um Rechnungen zu bezahlen, um „durchzukommen" oder als „Sicherheit". Sie sind defensiv. Sie kaufen sich nur Sachen über Gutscheine oder weil sie im Preis herabgesetzt sind. Sie holen sich das billigste Zeug, das gerade mal seinen Zweck erfüllt. Sie sprechen gern davon, dass sie „jeden Cent zweimal umdrehen". Verstehst du den Unterschied?

Arme wollen, Reiche handeln

Der einzige Unterschied liegt in der Art zu denken. Du musst nicht wissen, WIE etwas geschehen wird, du musst nur wirklich spüren, dass es passieren WIRD. Du brauchst dich um die Einzelheiten nicht kümmern, das erledigt das Universum für dich. Du musst nur wissen, was du willst, dann musst du es voller Vertrauen und Zuversicht FORDERN. Es ist ganz gleich, ob du völlig pleite bist, du kannst trotzdem eines Morgens aufstehen und zu dir sagen: „Ich kaufe mir einen Ferrari. Ich weiß noch nicht wie, aber eines Tages werde ich mir einen Ferrari kaufen." Ich habe das getan. Es hat funktioniert. Einer der Hauptgründe, warum die Menschen nicht erreichen, was sie wollen, liegt darin, dass sie nicht wissen, was sie wollen.

Ich sage es erneut: Du musst die Einzelheiten nicht kennen. Du musst nur wissen, was du willst. Du musst es aus dem richtigen Grund wollen und es muss mit POSITIVER Energie verbunden sein. Wenn noch irgendein Zweifel, Schuldgefühl, Sorgen oder Hintergedanken damit verknüpft sind, dann tritt es nicht ein. Du musst rein sein.

Du weißt noch, dass ich einmal im Schrank eines Freundes gehaust habe? Das war, nachdem ich nackt in die Wüste gegangen war und alles aufgegeben hatte, was ich besaß. Ich verbrachte dort vierzig Tage und kam als anderer Mensch zurück. Irgendwo musste ich anfangen, warum also nicht im Schrank eines Freundes? Innerhalb von einem Monat fuhr ich einen Ferrari (niemand hat mir dabei geholfen).

Wenn ich das kann, dann kannst du es auch.

Du brauchst nur die richtige Einstellung: positive Energie ohne einen einzigen negativen Gedanken. Das ist ziemlich schwer, wenn dein ganzes Leben voller Mist steckt. Deshalb war es für mich einfach, weil ich gar nichts besaß. Ich war sauber. Ich war rein. Akzeptierst du den Tod, wird dir das Leben geschenkt.

Fühlst du dich reich oder arm?

Die Reichen fühlen sich reich, selbst wenn sie jeden Cent verloren haben. Sie wissen, dass sie alles wiedererlangen werden.

Die Armen fühlen sich arm, selbst wenn sie Geld auf der Bank haben, weil sie wissen, dass sie es vermutlich ausgeben werden oder es ihnen wieder genommen wird.

Der eine denkt positiv und der andere negativ. Zu welcher Sorte Mensch möchtest du gehören?

„Sie sehen etwas und fragen sich: ‚Warum?' Ich aber träume von Dingen, die es nie gab, und frage mich: ‚Warum nicht?'"

Thomas Edison

Reiche betrachten alles als Chance. Arme sehen überall Barrieren, Hindernisse, Rückschläge, Begrenzungen und Risiken. Reiche haben eine Vision von Größe, Arme von all dem, was schiefgehen könnte. Die einen sind zuversichtliche Optimisten, die anderen defensive Pessimisten. Reiche Leute handeln. Arme Leute schrecken vor Angst zurück.

Für die meisten stellt die Reprogrammierung ein großes Problem dar. Sie ist fast unmöglich, so tief haben sich das alte Programm, die Ängste und Gedankenmuster eingeprägt.

Es kann aber auch schnell und einfach gehen. Der Wandel kann auch in Sekundenbruchteilen erfolgen – in einem einzigen magischen Aha-Erlebnis – in einer blitzartigen Inspiration.

Du hast die Wahl. Bist du willens loszulassen?

Ich meine, WIRKLICH loszulassen.

Du musst augenblicklich damit aufhören, anderen die Schuld für deine Lage zu geben.

Du musst augenblicklich damit anfangen, ECHTE Verantwortung für dein Leben zu übernehmen.

Du musst loslassen. Ersetze Angst durch Aufregung.

Wut, Frust, nicht hinterfragte Abneigungen, Sarkasmus und Skepsis werden durch Hoffnung, Lachen, Liebe, dem Wunsch zu helfen, zu wachsen, zu lernen und das Richtige zu tun ersetzt, ganz gleich, was das kostet. Wenn du dabei alles verlierst, ist das okay. Damit musst du völlig einverstanden sein. Du musst ein Anführer sein, kein Gefolgsmann.

> „Hindernisse sind die schrecklichen Sachen, die man sieht, wenn man sein Ziel aus dem Blick verliert."
> Henry Ford

Erfolgreiche Menschen springen aus dem Flugzeug und zweifeln keinen Augenblick lang daran, dass sich der Fallschirm öffnen wird. Die meisten anderen sagen "Nein danke!" und steigen erst gar nicht in das Flugzeug. Willst du aber hoch fliegen, dann musst du in dieses Flugzeug steigen, sonst verbringst du dein Leben am Boden und schaust bitter zu denen hoch, die dort oben fliegen und „Jaaa!" rufen.

Hast du einen Augenblick lang eine innere Abneigung gegen diejenigen gespürt, die so hoch fliegen, als du das eben gelesen hast? Oder warst du aufgeregt? Das zeigt dir, wo du dich im Augenblick befindest. Um der neue Mensch zu werden, der du sein möchtest, musst du zuerst feststellen, wo du dich derzeit befindest.

Wütende Leute ziehen noch mehr von dem an, was sie wütend macht. Glückliche Leute ziehen noch mehr Dinge an, für die sie dankbar sind. Beachte, dass ich hier nicht von materiellen Gütern oder Geld spreche. Du weißt doch, dass Geld und Luxusartikel nur Nebenwirkungen deiner richtigen Einstellung sind. Der erste Schritt besteht im BEENDEN aller negativen Gedanken und darin, dass du Frieden im Leben findest.

Wie in meinem Gesundheitsbuch *Heile dich selbst*, beginnst du damit, dass du mit allem aufhörst, was schlecht für dich ist. Man löscht kein Feuer, indem man Benzin darauf gießt. Wie also beendet man negative Gedanken? Du wirfst alles weg, wegen dem du dich schlecht fühlst und was dein Leben belastet. Zahlst du hohe Hypotheken ab, dann verkauf dein Haus. Zurzeit verlieren viele aufgrund der schlechten Wirtschaftslage ihre Häuser. Irgendwann in ein paar Jahren werden viele davon merken, dass es das Beste war, was ihnen passieren konnte, weil es sie so sehr entlastet hat.

Du hasst deine Arbeit? Kündige. Finde eine Arbeit, die dir Spaß macht. „Das ist einfacher gesagt als getan", meinst du. Nun, wenn du es sagst, dann stimmt es wohl für dich, denn diese negative Energie hat dich wieder mal gefangen und hält dich arm. Wenn du schon seit Jahren denselben Job hast und damit kaum über die Runden kommst – wie um Himmels Willen kannst du dann glauben, dass du auf magische Weise reich wirst, wenn du immer so weitermachst?

Das Leben prüft dich. Es geht darum, die Chancen zu ergreifen. Was sagst du? Du hast Kinder? Na und? Warum hält dich das ab? Du brauchst Geld, damit sie etwas zu essen haben und du die Arztrechnungen bezahlen kannst? Würden sie aufhören, Brot und Pasta, Getreide, Süßigkeiten, Milch, Zucker, Limonade und all das andere unnatürliche Zeug in sich hineinzustopfen, gäbe es keine Arztrechnungen mehr. Sie wären sofort gesund. Jeder, der sich mein DVD-Set *FREE FOOD and MEDICINE* ansieht, weiß, dass die besten Nahrungsmittel und die besten Medikamente überhaupt nichts kosten – sie wachsen auch in deiner Nähe wild. Das ist doch verrückt und unrealistisch, meinst du?

Schau dir mein DVD-Set *FREE LIVING 101* an. Darin geht es um einen Mann, der in einem ganz gewöhnlichen Vorort von Toronto in Kanada lebt, wo es im Winter schneit. Er braucht keinen Einzelhändler, weil er sich ausschließlich von wildwachsenden Pflanzen aus seiner unmittelbaren Nähe ernährt, und der das Geld für die Abzahlung der Hypothek und für Bedarfsartikel durch Recycling verdient – mehr noch, er hat bereits zwei weitere Immobilien erworben! All seine Gesundheitsprobleme sind wie weggeblasen, seit er sich von Wildpflanzen ernährt.

Es gibt KEINE AUSREDEN.

Soll es dir besser gehen, dann musst du mit allem AUFHÖREN, was schlecht für dich ist. Verpflichte dich dazu. Wenn du wirklich frei sein willst, dann befreie dich von ALLEM, was dich noch zurückhält, was dich bremst, was auf deine Stimmung drückt oder deine Aufmerksamkeit davon ablenkt, das zu sein und zu tun, weshalb du hier bist.

Vor zwanzig Jahren warf ich wortwörtlich alles weg, was ich besaß ... alles, und ging in die Wüste, zog meine Kleider aus und fing wieder ganz von vorn an. Ich sagte den Leuten, ich wüsste nicht, ob ich je zurückkommen würde. Ich gab alles auf, bis ich keine Erwartungen mehr, bis ich gar nichts mehr hatte. Ich legte mich nackt auf einen Felsen und sagte: „Also gut, Gott – hier bin ich." Ich reinigte meinen Geist und schloss die Augen.

Der tollste Augenblick in jedem Leben ist der Augenblick kurz vor dem Tod, weil man dann plötzlich alles aufgibt. Du hast keine Angst mehr – du nimmst die Wahrheit völlig an. Es handelt sich um den befreiendsten Augenblick deines gesamten Lebens.

Aber warum darauf warten? Es ist doch besser, sich *sein ganzes Leben lang* so befreit zu fühlen. Das, mein Freund, bedeutet Leben. Nie mehr vor etwas Angst zu haben. Dem eigenen Herz zu folgen und immer das zu sagen, was man für richtig hält. Wenn du auf diese Weise reinen Tisch gemacht hast, wird jeder Augenblick zu einem Geschenk. Du schätzt jeden Atemzug, jeden Blick, jedes Geräusch, jede Berührung.

Da musst du aufhören, wenn du wirklich neu anfangen willst.

Um die negativen Gedanken zu ersetzen, musst du alles schätzen lernen, was dir in deinem Leben widerfährt – selbst die „schlimmen" Dinge. Beginne deinen Tag, in dem du an all das denkst, wofür du dankbar sein kannst. Steck keine weitere Energie in die Dinge, die dich normalerweise ärgern würden. Wenn du über etwas nachdenkst, „fütterst" du es. Denk daran, dass alles nur Energie ist. Wenn du über etwas nachdenkst, was dich ärgert, worüber du dir Sorgen machst oder wovor du dich fürchtest, dann „fütterst" du es und machst es damit stärker. So erschaffst du es und trägst dazu bei, dass es eintrifft.

Wenn du schon Energie einsetzt, warum sie nicht für positives Denken nutzen? – Gedanken führen dazu, dass Ereignisse eintreten.

„Was würdest du versuchen, wenn du wüsstest, dass du nicht scheitern kannst?"
Robert Schuller

Gedanken erzeugen Ereignisse

Sag nie: „Was geht jetzt noch alles schief?" – du findest es dann nämlich früh genug heraus.

Gedanken sind wie Schulkameraden. Wenn du nicht mehr mit den schlimmen Jungs abhängst, verschwinden sie allmählich aus deinem Leben. Je länger du mit den guten Jungs abhängst, desto mehr Kraft verleihen sie deinem Leben. Dasselbe trifft auf deine Gedanken zu. Je weniger du über all die schlimmen Sachen nachdenkst, die dir zustoßen könnten, desto weniger Macht haben sie über dein Leben, bis sie völlig verschwunden und vergessen sind.

Verbringe deine Zeit damit, an tolle Dinge zu denken. Nähre diese Gedanken, gieße sie, päppele sie auf, dünge sie. Sie sind deine Zukunft.

Denk daran – Geld ist nicht das Ziel, es ist nur eine Nebenwirkung davon, dass du tust, was dir Spaß macht.

Erfolg ist nicht der Schlüssel zum Glück. Glück ist der Schlüssel zum Erfolg. Wenn dir Spaß macht, was du tust, wirst du erfolgreich sein.

Dein Daseinszweck, deine Mission, deine ARBEIT, deine Pflicht ... besteht darin, du selbst zu sein. Die Integrität hat vor nichts Angst.

„Säe einen Gedanken, und du erntest eine Tat. Säe eine Tat, und du erntest eine Gewohnheit. Säe eine Gewohnheit, und du erntest einen Charakter. Säe einen Charakter, und du erntest ein Schicksal."
Charles Reade

Glück ist kein Zufall

Glaube keinen Augenblick lang, die Reichen hätten einfach „Glück gehabt". Glück ist nichts Zufälliges. Es wird erzeugt.

Leute, die an Glück oder Pech glauben, haben nichts unter Kontrolle. Sie vergeuden ihr Leben damit, ihren Lottoschein auszufüllen, in der Hoffnung, einmal sechs Richtige zu haben. Reiche Menschen warten nicht, sie holen sich einfach, was sie brauchen, auch wenn sie kein Geld haben. Selbst eine Reise über tausend Kilometer fängt mit dem ersten Schritt an und damit, dass man zu laufen beginnt. Du selbst erschaffst deine eigene Zukunft.

Der Augenblick, der alles verändert

Ich war in Bombay in Indien, um einen Film vorzubereiten, für den ich das Drehbuch geschrieben hatte. Irgendwie floss aber kein Geld. Selbst die Produzenten verschwanden auf mysteriöse Weise einfach spurlos. Ich weiß nicht warum. Es war eine ziemlich seltsame Situation. Bombay ist eine arme Stadt, also vermutete ich, dass die Sache im Sand verlaufen würde ... und weil ich zweifelte, schuf die Energie meiner Gedanken die Wirklichkeit, die meine Ansichten bestätigte. Anders ausgedrückt: Meine (negativen) Gedanken erledigten mein Projekt. Unser Geist hat mehr Macht, als wir glauben. Ich habe das in meinem Leben so oft getan, bis ich es besser wusste.

Um eine lange Geschichte kurz zu fassen: Ich war also in Bombay gestrandet. Ich hatte alles, was ich besaß, aufgewendet, um dorthin zu fliegen und den Film zu drehen. Meine Assistenten begannen sich Sorgen zu machen. Ich musste sie und ihre Hotelzimmer bezahlen. Jeder weitere Tag kostete mich fast 1000 Dollar. Wir beschlossen, unsere Zelte abzubrechen und nach Amerika zurückzukehren, aber es war nicht leicht, einen Flug zu bekommen. Das übrig gebliebene Geld reichte nur noch für einen Flug nach Singapur. Nach zähen Verhandlungen mit der Fluglinie schafften wir es bis Hongkong, zwei Tage später dann nach Vancouver in Kanada, und nachdem wir dann noch von Zollbeamten durchsucht worden waren, weil wir tagelang nicht geschlafen hatten und ziemlich fürchterlich aussahen, kratzen wir unsere letzten paar Cents für den Flug nach Los Angeles zusammen. Ich kehrte pleite, müde und sprachlos in mein Appartement zurück. War mein Leben eben gerade in die Brüche gegangen? Niemand hatte Arbeit für mich, ich musste aber meine Miete bezahlen. Ich war verwirrt, mutlos und fühlte mich verloren.

Ganz sicher fühlen sich viele von euch gerade genauso.

Ja, ich war sprachlos und eine Zeitlang sicher auch verwirrt und ängstlich. Aber ich ließ das vorbeiziehen. Ich klammerte mich nicht an diese Emotionen und nährte sie nicht. Ich sorgte nur für einen klaren Kopf, für einen reinen Körper und reine Energie und weigerte mich, einfach herumzusitzen und mich hilflos zu fühlen.

Ich schaltete meinen geschwätzigen Verstand ab, der mich an meine Verpflichtungen wie Rechnungen und so weiter erinnern wollte.

Ich musste mich gut fühlen. Ich konnte mir weder eine Massage leisten noch sonst etwas, also träumte ich mich in ein Fantasieland.

Ich stellte mir ein strahlend weißes Schloss hoch über den Wolken vor, in der man Kunst und Schönheit zu schätzen wusste. Dort ging es Künstlern und Musikern gut, sie hatten niemals Geldsorgen. Alle waren schön und gesund. Da wollte ich auch sein. Hier suchte ich Zuflucht.

Da ich über eine starke Vorstellungskraft verfüge und das Leben als Film betrachte, stellte ich mir vor, wie fliegende Schiffe dieses Schloss angriffen (das war die „reale" Außenwelt, die meine Freiheit und meine Träume angreifen wollte).

Aber im Schloss war man darauf vorbereitet. Dieses Schloss war ja eine Schöpfung meiner Fantasie, deshalb gab es dort jede Menge fantastischer Waffen – in der Art, wie sie Leonardo da Vinci entworfen hatte: Große Getriebe, Hebel und Seile manövrierten die Waffen in die

Türme und auf die Bastionen. Wasserspeier mit Löwenhäuptern öffneten ihr Maul – und darin steckten Kanonen. Ich ließ meiner Einbildungskraft freien Lauf. Das machte Spaß.
Dann begriff ich, was gerade passierte. Ich channelte einen Spielfilm! Ich sah jede einzelne Einstellung. Ich konnte den Soundtrack hören. Ich hatte plötzlich die ganze Geschichte im Kopf. Ich schnappte mir einen Stift und schrieb alles so schnell auf, wie ich nur konnte. Es kam aber alles so schnell, deshalb holte ich mir einen billigen Laptop und tippte dann die ganze Geschichte ein. Sie floss nur so aus mir heraus – gerade so schnell, wie ich tippen konnte. Ich war erstaunt über das, was da aus mir herauskam. Das Ganze war ausgefeilt bis ins Detail – das konnte nichts sein, das ich mir gerade ausgedacht hatte. Es war ein göttlicher *Download*, den mir das Universum anvertraute. Vermutlich deshalb, weil meine Widerstandskräfte am Boden lagen und ich aufgegeben hatte.
Wenn du dir selbst nicht mehr im Weg stehst, geschehen die großartigsten Dinge. Das Universum gibt dir so viel, wie du gerade noch erfassen kannst.
Es war eine großartige Geschichte. Ich wusste, sie *würde verfilmt werden*.

IN DIESEM AUGENBLICK VERÄNDERTE SICH ALLES.

Die meisten Leute lesen das und meinen dann: „Wie zum Teufel soll ich denn so einen verdammten Film machen? Ich kann ja nicht einmal meine Rechnungen bezahlen und bin arbeitslos!"
So denken normale Leute, aber nicht der irre Markus. Glücklicherweise hatte ich eine sehr verständnisvolle Freundin, die mich unterstützte, ganz gleich, wie verrückt meine Idee auch war. Sie hat keine Angst davor, am Existenzminimum zu leben. Es war aufregend. Tief in unserem Inneren wussten wir beide, dass uns nichts passieren konnte, dass sich etwas – eine höhere Macht – um uns kümmerte. Rechnungen, Schulden, die Miete und finanzielle Probleme kommen und gehen.

Selbst die Reichen haben sie. Eben sind sie noch oben, im nächsten Augenblick schon unten. Aber davon lassen sie sich nicht unterkriegen. Und so war es auch bei mir.

An diesem Tag geschah etwas in mir. Es war wie in dem Film *Der Grinch*, in dem das Herz des Grinchs auf magische Weise wächst, wodurch er zu einem völlig neuen Wesen wird.

Ich wusste, dass mein Film gedreht werden würde. Ich konnte ihn sehen, hören, fühlen. Es war weniger ein: „Ach, es wäre toll, wenn das irgendwann mal klappt!", sondern vielmehr ein: „Ich mache diesen Film! Ich weiß nicht wie, aber ich werde diesen Film machen. Ich bin es satt, immer auf andere zu warten. Ich mache es selbst. Ich mache es wahr und fange gleich jetzt damit an." Ich hatte mein logisches Denken abgeschaltet, also flüsterte mir auch nichts ein, dass ich ein Irrer wäre. Ich war fest entschlossen. Ich war mit jeder Faser meines Körpers dabei.

Ich machte mir keine Sorgen darum, WIE ich das möglich machen könnte, ich wusste nur, dass ich gerade einen Vertrag mit mir selbst geschlossen hatte und drauf und dran war, einen Film zu machen.

Und genau in diesem Augenblick änderte sich mein gesamtes Leben. Ich spürte es. Wenn du die richtige Entscheidung triffst, dann vibriert jede einzelne Zelle deines Körpers. Du bist völlig lebendig. Du fühlst dich unbesiegbar und du bist es. Das gesamte Universum steht hinter dir. Du spürst, wie es dir auf die Schulter klopft. „Das hast du gut gemacht, Markus. Du hast die Prüfung bestanden! Wir wollten uns nur sicher sein, dass du wirklich entschlossen bei der Sache bist, bevor wir in dich investieren."

Der Zauber beginnt also genau in dem Augenblick zu wirken, in dem du völlig angstfrei und entschlossen bist und keinen anderen Ausweg mehr siehst. Du kehrst nie mehr um. Alles oder nichts.

Es sind nicht Menschen, die in dich investieren – es ist das Universum.

Und wie jeder clevere Investor wird es dir nichts geben, solange du es nicht ernst meinst. Es wird dir auch nichts geben, womit du noch nicht umgehen kannst. Klar WILLST du 1 Million Euro haben – aber kannst

du auch damit umgehen? Kannst du es wirklich? Man kann das Universum weder belügen noch betrügen – es kennt uns besser als wir selbst.
Würdest du einem Sechsjährigen deine Autoschlüssel geben? Natürlich nicht. Würdest du einem Neunjährigen 1 Million Euro in die Hand drücken? Nein. Warum nicht? Weil sie noch nicht bereit dafür sind, damit umzugehen. Das Universum behandelt dich genauso. Du kannst dich auf den Kopf stellen oder herumschreien, so viel du willst, aber es gibt dir keine Million, solange du noch nicht bereit dafür bist.

Denk daran – „Wenn du es baust, wird er kommen." (siehe dazu auch auf Seite 41 f. und 87 ff.). Aber erst, wenn du dafür bereit bist.

Wir warten gewöhnlich darauf, dass andere unsere Probleme für uns lösen.

Wir warten darauf, dass andere uns ihr Geld geben.

Der Investor

Würdest du dein Geld als cleverer Investor jemandem geben, der

- nur herumsitzt und auf Almosen wartet?
- alles versucht, um etwas in die Tat umzusetzen, der aber bislang noch nicht viel Glück hatte?
- total eifrig ist und, was er vorhat, in die Tat umsetzen wird? Mit dir oder ohne dich ...

Bei wem kannst du wohl die beste Rendite für dein investiertes Geld erwarten? Natürlich bei Nummer drei. Das Universum ist nicht blöd. Es investiert nicht in Versager, Faulpelze oder Menschen mit einem fehlerhaften Plan, der sich nie umsetzen lässt.

Es wird aber auch dem kein Geld geben, der meint, dass Geld nicht wichtig sei. Würdest du denn in so jemanden investieren? Warum jemandem etwas geben, das er gar nicht zu schätzen weiß?

Ich war es satt, darauf zu warten, dass mir andere das Geld gaben, um meine Ideen umzusetzen, also wollte ich es mir selbst beschaffen.

Es ist erstaunlich, wie alles auf einen zukommt, wenn man Feuer und Flamme für seine Sache ist. Ich kannte nicht sehr viele Leute. Ich wusste aber, dass der Mann, von dem ich mein Appartement gemietet hatte, praktisch den halben Häuserblock besaß. Ich kannte ein paar Ärzte und ein oder zwei Anwälte. Ich wusste, dass sie genug Geld besaßen, um 50.000 oder 100.000 Dollar zu investieren, wenn es nötig wäre. Sie hatten ein Dutzend Freunde wie sie, die ich ebenfalls davon überzeugen könnte, 100.000 Dollar zu investieren – das würde zusammen 1 Million ergeben. So einfach ist das. Ich spürte es.

Ich wusste, dass ich es schaffen konnte. Ich war so sehr davon überzeugt, dass ich Pläne zeichnete, den Set sowie die Kostüme entwarf und auch alles andere in die Hand nahm.

„Erfolg ist die fortschreitende Verwirklichung der für uns erstrebenswerten, im Voraus bestimmten persönlichen Ziele."

Paul J. Meyer

Einer meiner Freunde rief mich an und meinte: „Hey, ich kann das einem Studio geben, vielleicht werden sie deinen Film finanzieren." Ich antworte ihm, dass ich das schon so oft gehört hätte und dass ich es langsam leid wäre. Keine Hollywood-Spielchen mehr. Ich mache alles selbst. Er bestand aber darauf und meinte: „Das Studio ist doch nur einen Block entfernt – mach schon, das dauert nur zehn Minuten. Es ist nur einen Block entfernt!"

Ich war so entschlossen, es selbst zu machen, dass ich mich zu dem Meeting begab, aber nur, um Hollywood ein donnerndes „Ich brauche euch nicht!" ins Gesicht zu schleudern. Das tat ich dann auch. Ich stürmte so entschlossen wie niemals zuvor in das Büro. Ich hatte keine Geduld mehr. Ich sah dem Produzenten direkt in die Augen und erklärte ihm, ich sei den Hollywood-Mist satt und würde meinen Vermieter, meinen Arzt und meinen Anwalt um einen Anteil des Geldes bitten und dann alles ganz allein machen. Der Produzent merkte, wie ernst es mir war und dass ich den Film drehen würde – mit ihm oder ohne ihn. Er lächelte. Er war das Auge und das Ohr des Universums.

In der Vergangenheit war ich gewöhnlich so wie jeder andere zu einem Meeting gegangen – untertänig, demütig und voller Hoffnung, dass ich der Glückliche wäre, in den man investieren wollte. Doch diese Art der Unterwürfigkeit schreckt Menschen mit Macht ab. Sie achten nur andere Menschen mit Macht. Deswegen arbeiten sie mit bewährten Leuten und nicht mit Newcomern.

Doch diesmal war ich in der Machtposition und er wusste das. Er sagte: „Lass mich heute Nacht mal dein Drehbuch lesen." Er meinte zu mir, ich sollte nicht alle diese kleinen Investoren abklappern, er könnte den gesamten Film finanzieren – 1 Million Dollar.

Innerhalb einer Woche war der Vertrag unterzeichnet.

Nach drei Wochen hatten wir unseren ersten Scheck.

Und nach zwei Monaten wurde das Budget auf 2,5 Millionen aufgestockt.

Ich war der Regisseur meines eigenen Hollywood-Films! 400 Angestellte arbeiteten fur mich und machten meinen Traum wahr – Bühnenbildner, Kostümschneider, Stuntleute, große Schauspieler, ein Orchester mit hundert Mann für den *Soundtrack*, Ritter auf ihren Rössern im *Death Valley*, epische Kampfszenen, Pyrotechnik, *Special Effects* – alles, was einem dazu einfällt.

Von null auf 2,5 Millionen – und alles nur, weil etwas in mir „klick" gemacht hatte.

Ich hatte an mich selbst geglaubt.

Das war der magische Augenblick. Der Schlüssel zum Erfolg. Auf Leben und Tod zu allem entschlossen sein. Das wollen Investoren sehen – jemand, der alles zu tun bereit ist, ungeachtet aller Mühen und Kosten. Jemand, der auf Gedeih und Verderb zum Erfolg entschlossen ist, der es mit ihnen oder ohne sie tun wird. In dem Augenblick, in dem du dich ernsthaft engagierst – wenn es dir um alles oder nichts geht – steht dir die geballte Kraft des gesamten Universums zur Verfügung und arbeitet durch dich. Das „du", an das du glaubst, ist in Wirklichkeit das Universum – als „du" verkleidet. Es will sich sicher sein, dass du wirklich alles versuchen wirst. Kein Investor wird sein Geld in ein rückgratloses Weichei stecken. Investoren wollen sehen, dass die Leute, in die sie investieren, stark sind und völlig bei der Sache. Das Universum ist dein Investor. Es hat mehr Macht, mehr Geld, mehr Ressourcen als alles, was du dir vorstellen kannst und mehr, als du je brauchst. Aber es gibt dir nur das, womit du umgehen kannst. Und du musst zuerst BEWEISEN, dass du dir verdient hast, worum du es bittest. Du kannst dir auf die Brust trommeln und in die Welt hinausschreien, dass du alles hast, worauf es ankommt – wenn du aber insgeheim doch noch Zweifel hegst, dann merkt es das Universum sofort – so wie Tiere Angst riechen können. Du kannst die Wahrheit nicht vor ihm verstecken. Du kannst vielleicht andere austricksen, aber nicht dich selbst und auch nicht das Universum. Was immer du glaubst, was immer du fürchtest – es wird zu deiner Wirklichkeit. Zweifel und Furcht sind die größten Hindernisse auf dem Weg zum Erfolg. Davon spricht schon die Bibel – bist du gewillt, dich selbst für Gott (also die Wahrheit, das Universum) zu opfern? Wenn du es nämlich bist, dann steht dir unbeschränkte Macht zur Verfügung. Dazu musst du aber dein Ego loslassen und jedes selbstsüchtige Motiv. Echte Macht erwächst aus selbstlosem Engagement. Und wenn du spürst, wie dein ganzer Körper vor Aufregung zittert, bedeutet das, dass du in Einklang stehst mit der gesamten Kraft des Universums. Du hast genau ins Zentrum des Erfolgs getroffen.

Sieht eine Armee, wie ihr Hauptmann tapfer gegen die feindlichen Linien stürmt – was geschieht dann? Plötzlich übermannt eine überwältigende Kraft diese Armee. Sie denkt nicht mehr – sie handelt einfach und stürmt ebenfalls voran und folgt dem mutigen Hauptmann. Das Universum ist unsere Armee und wartet darauf, uns in die Schlacht zu folgen. Aber du musst diesen Sturmangriff anführen. Hab keine Angst mehr. Darum geht es.

Du wirst in genau dem Augenblick zum Millionär, in dem du dich dafür entscheidest, einer zu werden. Sobald du deinen Anspruch darauf anmeldest, beginnt das Geld dir zu folgen.

Steh nicht im Weg herum, lass die Experten ran

Das einzige, was deinem Erfolg im Weg steht, bist du selbst. Die Experten sind Gott alias das Universum. Sie sehen mehr und wissen mehr als du. Sie haben dich geschaffen und werden durch dich tätig. Vertraue ihnen, denn schließlich haben sie dich geschaffen! Dazu kommt, dass alles leichter wird, wenn du sie die ganze Arbeit für dich erledigen lässt. Du musst nur noch mitfahren. Das Universum will nur, *dass du DU selbst bist*. Wie schwer ist das denn? Du bist der Hauptdarsteller und Held in deinem eigenen Film. Sei die großartigste „Version" deiner selbst, die du sein kannst. Das ist alles.

Es ist erstaunlich, wie sehr Menschen sich davor fürchten, sie selbst zu sein. Sie fürchten sich sogar davor, nahestehenden Menschen zu verraten, wie sie sich gerade wirklich fühlen. Sie leben praktisch ihr ganzes Leben lang eine Lüge – und betrügen letztendlich niemanden anders als sich selbst. Die meisten Menschen haben dich schnell durchschaut. Verschwende deine Energie nicht mehr länger damit, dein falsches Ich aufrechtzuerhalten, das von jedem geliebt werden will. Damit vergeudest du nur wertvolle Tage, Monate oder gar Jahre.

Die Leute wollen dein echtes Ich. Sie sind bereit, dafür zu bezahlen. So belohnt dich das Universum. Mit Hoffnung allein kommst du nirgendwo hin. Dazu braucht es Selbstbestimmung.

Lass mich den einleitenden Satz noch einmal anders formulieren: Das einzige, was uns im Weg steht, ... ist der Weg.

„Leben ist entweder ein mutiges Abenteuer – oder gar nichts."
Helen Keller

Gesunder Körper, gesundes Geld – dieselbe Formel

Als ich *Heile dich selbst* schrieb, erkannte ich einen erstaunlichen Zusammenhang:
Nur ein winziger Bruchteil aller Menschen in der heutigen Welt ist wirklich gesund. Vielleicht sind es 5 Prozent, eher jedoch 1 Prozent.
Die meisten Leute, die behaupten, sie seien gesund, sind es gar nicht. Manche glauben, als Vegetarier gesund zu leben. Das bedeutet aber nur, dass sie keine Tiere essen, nicht mehr. Einige der ungesündesten Leute, die ich kenne, sind Vegetarier. Sie essen Brot, Pasta, Getreide, Kekse, Proteinriegel und jede Menge gekochter und weiterverarbeiteter Lebensmittel, die ihre unterernährten Körper unvermindert schädigen.
Selbst viele Rohköstler haben Schwächen. Sie essen zu viel Süßes und zu wenig Grünes. Sie sind besessen davon, was in ihrem Mund geschieht und wie es schmeckt, achten aber nicht darauf, ihren Körper ernsthaft zu reinigen (Darmspülung, Einläufe und so weiter). Willst du wirklich gesund werden, dann musst du eine „Generalsäuberung" durchführen, alle deine Süchte abwerfen und den ganzen Dreck loswerden, den du mit dir herumschleppst. Daran führt kein Weg vorbei.
Über 95 Prozent aller Menschen in der heutigen Welt sind nicht gesund, vielleicht sogar 99 Prozent. Jeder hat seine Schwächen und mogelt, wenn gerade keiner hinschaut.
Der Witz dabei ist ... die meisten Menschen WISSEN, was gut für sie ist. Wir leben schließlich im 21. Jahrhundert, in dem die Kommunikation augenblicklich erfolgt. Alles, was du wissen willst, ist nur einen Klick weit von dir im Internet entfernt. Die alte Ausrede – „Oh, das wusste ich gar nicht!" – greift heute nicht mehr. Zu einem bestimmten Zeitpunkt in unserem Leben haben wir die Wahrheit erfahren – wir haben ihr allerdings keine Aufmerksamkeit geschenkt und sie bequemerweise verdrängt. Die meisten Leute leben lieber bequem und gewöhnlich als lange, weil unmittelbare Befriedigung

der Bedürfnisse heutzutage so verlockend ist. (Schalte jetzt noch nicht ab, es hat alles mit Reichsein zu tun.)

Die meisten ungesunden Menschen WISSEN, dass Äpfel, Salat und Gemüsesäfte gesünder sind als Pizza, Getreide und Brot. Warum also essen sie all das nicht? Sie sind in Abhängigkeitsmustern der unmittelbaren Befriedigung und der Bequemlichkeit verfangen. Es ist einfacher, sich in einen bequemen Sessel fallen zu lassen als joggen zu gehen. Es macht mehr Spaß, eine Schale mit knusprigen Getreideflocken auszulöffeln als den Mixer zu holen und Sellerie und Karotten zu pürieren. Wir wollen, dass wir nur einen Knopf drücken müssen, um uns wohlzufühlen. So ist unsere moderne Welt.

Das trifft auch auf Reichtum und Vermögen zu. Ich kann nun dieselben Worte verwenden wie oben beim Thema „Gesundheit" und Gesundheit einfach durch Reichtum ersetzen: Nur ein winziger Bruchteil aller Menschen in der heutigen Welt ist wirklich reich. Vielleicht 5 Prozent.

Die meisten, die sagen, sie seien reich, sind es nicht.

Über 95 Prozent der Bevölkerung ist nicht reich.

(Siehst du, wie sehr sich beide Kategorien gleichen? Erstaunlich, oder?)

Was ist hier also der gemeinsame Nenner?

Menschen.

Ich sage es noch einmal. Diese 5 Prozent betreiben KEINE Verschwörung, um die übrigen 95 Prozent arm zu halten. Ich bin es so satt, das immer wieder zu hören. Sicher versuchen es einige, und nun ja, einige der Leute wurden im strategischen Spiel als Bauern eingesetzt, damit die, die an der Macht waren, auch dort bleiben konnten. All das geschieht, jedoch nicht überall. Die Welt ist größer und vielfältiger. Es wird immer Bösewichte geben, *aber es gibt auch jede Menge armer Bösewichte.* Die meisten Banden, Drogendealer, Zuhälter und Mörder sind nicht besonders reich. Einige gibt davon es auch in der High Society, aber die meisten sind nicht so. Es gibt überall gute und schlechte Menschen, betrachte die Reichen also nicht länger so, als würden sie sich von den Armen unterscheiden. Geld verdirbt den Charakter nicht – es verstärkt nur das, was du bist.

Schnapp dir einen Drogendealer und drück ihm 1 Million Euro in die Hand – und er bleibt doch nur ein stinkreicher und mächtiger Drogendealer mit einer Yacht und einem Privatjet. Ja, in der Regierung gibt es korrupte Menschen, aber nicht alle sind so.

Ich kenne viele reiche Leute. Glaub es mir. Die Leute in Beverly Hills sitzen NICHT herum und überlegen sich, wie sie die weniger Glücklichen noch mehr abzocken könnten. Sie sind vollauf damit beschäftigt, Wellness-Massagen, Faceliftings und Botox-Spritzen zu erhalten. Sie wollen die Armen nicht abzocken – sie wollen von ihnen vergöttert werden. Menschen wollen Respekt und Bewunderung. Das will eigentlich jeder, selbst der reiche Drogendealer.

Doch zurück zum Thema: 95 Prozent der Menschen auf der Welt sind nicht reich. Anders gesagt: Sie sind nicht gesund, was ihren Reichtum anbelangt.

Reichtum ist eine Art Gesundheit.

Die meisten Menschen sind in der Kategorie Reichtum nicht „gesund".

... aus genau dem gleichen Grund, aus dem 95 Prozent körperlich nicht gesund sind.

Menschen WISSEN, was besser für sie wäre.

Aber sie tun es nicht.

... warum?

Na los, du weißt es ja schon.

... weil sie in ihren Abhängigkeitsmustern der unmittelbaren Befriedigung und der Bequemlichkeit gefangen sind. Es ist einfacher, sich in einen bequemen Sessel fallen zu lassen als joggen zu gehen. Es fällt uns leichter, weiterhin zu einer Arbeit zu gehen, die uns keinen Spaß macht, als das Risiko einzugehen, alles zu verlieren und noch einmal ganz von vorn zu beginnen. Wir mögen unsere Arbeit ja hassen, aber sie verschafft uns zumindest das Geld, das wir für unsere unmittelbare Befriedigung brauchen ... den bequemen Sessel, die Pizza, die Getreideflocken, den Strom, um das Fußballspiel im Fernsehen anzuschauen, Benzin für den Monstertruck vor der Tür mit den breiten, männlichen Reifen, mit dem wir unsere Nachbarn beeindrucken wollen. Oh ja, das nenne ich Leben.

So ist die moderne Welt.
Die reichen 5 Prozent fürchten sich nicht, etwas zu wagen und ein Risiko einzugehen. Sie haften nicht an Dingen, weil sie die Welt als ihren Spielplatz betrachten. Andererseits klammern sich die Armen verzweifelt an die wenigen armseligen Sachen, die sie besitzen, weil sie Angst davor haben, vor dem Nichts zu stehen, wenn sie sie verlieren. Diese Angst vor der Armut HÄLT SIE ARM. Sie sind wie gelähmt – sie haben keinen Bewegungsspielraum mehr. Das ist so, als würde man im Bett liegen und will aufstehen, ist aber zu erschöpft, um den Körper zu bewegen. Man liegt dann nur so da und schläft wieder ein. Dann wacht man wieder auf und der halbe Tag ist schon vorbei. Man fühlt sich wertlos. In derselben Zeit hat ein Reicher 5 Millionen verdient und jettet gerade nach Paris, um dort etwas zu essen.

„Zu viele Menschen überschätzen das, was sie nicht sind, und unterschätzen das, was sie sind."
Malcolm Forbes

Niemand hat Schuld

Als Erstes musst du deine Opfermentalität ablegen, die besagt, dass du arm bist, weil dich jemand dazu gemacht hat. Das widerspricht zwar allem, was dir immerzu gesagt wird, wenn du aber wirklich reich werden willst, darfst du nicht mehr wie ein Opfer denken. Hör auf, der Regierung die Schuld zu geben, den Banken, den Illuminaten, dem Immobilienmarkt, deinem Chef, deinem Partner, deinen Kindern, deiner Hypothek, deinen Nachbarn, deinem Sternzeichen, der Sonne, dem Mond und den Sternen, dem Datum, deinen Freunden, deinen Eltern, deiner Kindheit, deinen vergangenen Leben, deinem Börsenmakler, deinem Körper, deinem Gesundheitszustand oder irgendetwas anderem. Es geht gar nicht darum, ob dich diese Dinge und Umstände vielleicht wirklich unterdrücken wollen oder nicht, denn deine Energie ist ohne Zweifel stärker als ihre. Es ist ganz egal, ob die gesamte Welt eine Verschwörung ist oder nicht. Denk immer daran: DIE WAHRHEIT SIEGT IMMER. Immer. Was ist denn mit den Nazis und dem kommunistischen Russland passiert? Wenn alle Welt zusammensteht und für das Allgemeinwohl kämpft, kann nichts sie aufhalten. Was wäre also, wenn die Illuminaten tatsächlich alle Regierungen übernehmen wollten? Ihre Energie schwingt auf einer niedrigeren Frequenz als die der guten Dinge. Du bist dazu VERPFLICHTET, reich und mächtig zu werden, aber dann setzt du diese Macht für das Gute ein. (Stimmt's?) Ganz gleich wie, du darfst nicht länger das arme hilflose Opfer sein, sondern du musst ernsthaft Macht einfordern.

Das Monster zähmen

Dein Geist ist ein unreifes, verwöhntes Gör. Er ist ein weinerliches, egoistisches Kind, das gern schreit und um sich schlägt. Er hat nie gelernt, sich richtig zu verhalten. Er wuchs mit einer ständigen Geräuschkulisse und dem Hype der Medien auf. Er hat keine Ahnung von der Wirklichkeit. Er trifft irrationale Entscheidungen aufgrund dessen, was ihn sich gerade wohlfühlen lässt. Ihm wurde beigebracht, vor praktisch allem Angst zu haben und niemandem zu vertrauen. Er liebt Süßigkeiten und Gruselgeschichten, von denen er viele für wahr hält.

Und diesem Typ gibst du wirklich Macht über dein Leben?

Willst du ein produktives, sinnvolles und erfolgreiches Leben, dann musst du diesem Gör gute Manieren beibringen.

Hast du je darauf geachtet, wie viele deiner Gedanken, die dir durch den Kopf schießen, negativ sind? Als gäbe es in dir einen Unruhestifter, der ausprobieren will, wie weit er gehen kann … Er will herausfinden, in welch vielfältiger Weise er dein Leben durcheinanderbringen kann, wie er dich paranoid machen, dich von der Realität abschneiden und dich und alle um dich herum in den Wahnsinn treiben kann.

Wenn du ihn dabei ertappst, wie er deine Gedanken vergiften will, STOPPE ihn wie ein scheinbar unkontrollierbares Kind und verbessere ihn. Ersetze den negativen Gedanken durch einen positiven. Es ist an der Zeit für die Disziplin, die dein Leben von Grund auf verändern wird.

Eine gute Methode der Motivation besteht darin, dass du begreifst, dass dich jeder negative Gedanke Geld, Zeit, Glück, Erfolg und Gesundheit KOSTET und an deiner Lebensdauer und am Leben selbst nagt. Jeder negative Gedanke ist eine Giftpille. Ertappst du also einen, beende ihn sofort, reiße ihn heraus und ersetze ihn durch etwas Konstruktives und Positives. Negative Gedanken rauben dir Kraft. Du musst mit dem Fuß aufstampfen und dich durchsetzen. Zeig deinem Geist, wer hier das Sagen hat. Fordere deine Macht ein und erkläre ihm, dass du seinen Mist nicht mehr gebrauchen kannst. Sei still und halt dich an die Regeln, ab jetzt herrscht hier die Wahrheit! Beschäftige dich mit so vielen ermächtigenden Sachen wie nur möglich. Fang an, mächtige und inspirierende Musik zu hören, lies Bücher, die dir Kraft verleihen, schau dir ermächtigende Filme an, umgib dich mit ermächtigenden Leuten und lauf so schnell du kannst vor negativen Menschen weg und halt dich von ihnen fern. Dein Geist muss schnell und hart umerzogen werden.

Ich spreche hier nicht von flauschigen positiven Mantras und Affirmationen. Du kannst all dieses blumige New-Age-Zeug vor dich hinbeten, aber dabei wird dein Unterbewusstes höchstens über dich lachen, weil es weiß, dass du dich bloß von etwas überzeugen willst, das so nie funktionieren wird. Wenn du durch Wiederholung lernst, dann lies dieses Buch immer wieder und wieder, bis sich alles tief in dein Gehirn eingeprägt hat und du damit anfängst, dich ohne großes Nachdenken so zu verhalten. Ich kann dir das sehr empfehlen.

Du musst diesen nervigen ungläubigen Geist zum Schweigen bringen, der dir immer wieder alle diese großartigen Gelegenheiten und Beziehungen verdirbt.

Du musst dich mit echter Wahrheit versorgen – Zeug, von dem du weißt, dass es stimmt. Wenn es um deine Essenz geht, dann vertraue nie dem, was andere sagen. Das ist meist nur graue Theorie. Gründe deine eigene Essenz auf das, was du persönlich als Wahrheit erkannt hast. Halte dein inneres Selbst so einfach, sauber und grundsätzlich wie möglich. Lerne keinesfalls die unterschiedlichsten Untersuchungen, Fakten und Statistiken auswendig. Halte dich ganz an den gesunden Menschenverstand. Wenn ich merke, dass mein Geist wieder zugekleistert ist, mache ich eine Gehirn-Entleerung – ich werfe alles raus, bis nur noch die Instinkte einer Katze übrig bleiben. Du weißt schon – ein einfaches, stilles Tier, das nur fressen, schlafen und geliebt werden will und das ganz ruhig die Welt entdeckt. Wenn du zu viel denkst, verschmutzt du dich und die Welt.

„Beherrsche deinen Geist oder er beherrscht dich."
Horaz

Das verletze Ego – „das Opfer"

Viele Menschen in wenig unterstützenden Beziehungen wollen dem anderen beweisen, dass es seine oder ihre Schuld ist, dass sie nicht erfolgreich sind. („Siehst du? Es ist DEINE Schuld! ... Ich hab's ja schon immer gewusst ... So, bist du jetzt endlich zufrieden?") Sie erreichen ihre Ziele mit Absicht nicht – schließlich soll sich ja der andere schlecht fühlen. Das ist irre, egoistisch und umfassend destruktiv. Das schafft nie etwas Gutes und ist zudem grausam. Es handelt sich dabei um Selbstsabotage und verschwendet Zeit und Energie. Zudem ruiniert es die Beziehung. Wenn du das einem anderen antust, fällt es auf dich selbst zurück und beißt dich in den Hintern. Glaube bloß NICHT, dass es dich zufrieden macht. Diese Nörgelei bringt dich in die Gosse. Dort liegst du dann, pleite und unglücklich.

Das Einzige, was dich da herausbringt, ist die Vergebung, ein reiner, friedlicher Geist und die positive Energie der Wertschätzung. Dein Leben, dein Haus und dein Geist brauchen einen echten Frühjahrsputz.

Alles ist gespiegelte Energie

Du kannst das Universum (Gott) nicht betrügen. Es kennt deine wahren Absichten. Was du in die Welt gibst, kommt zu dir zurück. Du MUSST alles aus gütigem Herzen tun.

Eine der Regeln des Lebens besteht darin, 10 Prozent deines Einkommens für einen guten Zweck (für die, die schlechter dran sind als du) zu spenden. Das ist ein universelles Gesetz. Selbst wenn du nur 10 Cent hast, dann spendest du 1 Cent für gute Zwecke. Und wenn diese

10 Cent wirklich alles sind, was du besitzt, und du 1 Cent jemand anderem spendest, ist das Universum davon so gerührt, dass es dir mehr hilft, als du dir vorstellen kannst.

Es geht um den Flow der Energie. Leben bedeutet Bewegung. Es fließt. Wenn das Blut in deinen Adern nicht mehr fließt, stirbst du. Wenn du nicht mehr ein- und ausatmest, stirbst du. Wenn dein Geld nicht fließt, gehst du Pleite. Ich meine damit nicht, dass du dein Geld einfach ausgeben oder spenden solltest, das wäre töricht. Die meisten Armen wissen gar nicht, wie sie ihr Geld sinnvoll ausgeben können. Sie verschwenden es gewöhnlich für ihre unmittelbare Befriedigung (für Zigaretten, Alkohol, Junkfood, Drogen, Autos, Grillfeten oder was auch immer gerade als Sonderangebot offeriert wird). Später werde ich noch in allen Einzelheiten erläutern, wie du dein Geld am besten aufteilst (selbst wenn du nur sehr wenig hast).

Aber jetzt reden wir über Energie. Geld ist Energie. Nicht mehr und nicht weniger. Es gleicht einer Gabel – du kannst mit ihr essen oder sie als Waffe benutzen. Nicht das Mittel, sondern wie du es einsetzt, zählt dabei. Geld ist nur ein Mittel, ein gutmütiges Stück Papier.

Noch einmal zusammengefasst: Alles ist Energie und muss in Bewegung gehalten werden. Sie kehrt auch zu dir zurück. Was du in die Welt gibst, kommt zu dir zurück.

Das ist wichtig. Wenn du zum Beispiel jemandem ein Trinkgeld gibst, dann mach das weder ungern noch weil man es eben so macht, weil dir das Universum dann nur ungern etwas zurückgibt. Wenn du ein Trinkgeld gibst, *gibst du es DIR SELBST!*

Das kann ich nicht genug betonen. Wenn du etwas „spendest" oder „den Zehnten zahlst", dann gibst du in Wirklichkeit dir selbst etwas. Das siehst du nicht, aber auf einer grundlegenderen Ebene kannst du es spüren. Wenn du vom Universum erwartest, dass es dir Millionen schenkt, musst du erst beweisen, dass du es als Mensch auch wert bist! Glaube es mir oder nicht – aber du wärest erstaunt, wenn du wüsstest, wie viele dieser bösen, gemeinen reichen Leute, die du so inbrünstig hasst, insgeheim spenden, wenn niemand hinsieht. Selbst ein Mafioso

rettet ein Kind vor einem herannahenden LKW oder hat eine Großmutter, die er unterstützt. Beurteile nie und unterstelle nichts, weil du dich damit nur selbst verdammst. Negative Gedanken sind Gift für dein Vermögen. Vergifte dich nicht weiter. Außerdem solltest du diese Energie lieber dazu verwenden, dir vorzustellen, wie gut es dir geht, statt sie dafür zu verschwenden, negativ über andere zu denken oder in Selbstmitleid zu versinken. Schluss damit, werde konstruktiv!
Das größte Geschenk ist übrigens nicht Geld. Du bist es.

> *„Versuche nicht, ein erfolgreicher Mensch zu werden, sondern ein wertvoller."*
> Albert Einstein

Investiere nicht in Opfer

Sei achtsam. Sehr viele Leute sind im Opfer-Modus gefangen und vergehen vor Selbstmitleid, und du kannst nichts tun, um ihnen zu helfen. Schließlich wollen sie dir und sich selbst beweisen, dass sie Opfer sind und die Welt ganz böse ist. Sie wollen, dass du für sie heulst. Das ist die Art von Aufmerksamkeit, die sie stark macht. Ich schenkte einmal Freunden etwas Geld, und als sie den Betrag erhielten, ging ihr Auto kaputt. Die Reparatur kostete exakt so viel, wie ich Ihnen gegeben hatte. Es wäre auch nicht anders gewesen, wenn ich ihnen das Zehnfache oder gar Hundertfache geschickt hätte – das Geld wäre augenblicklich aus ihrem Leben gesaugt worden. Ich habe das schon oft beobachtet. Ich kannte auch einmal jemanden, der gerade 5000 Euro verdient hatte und dann das ganze Geld sofort an einen Trickbetrüger verlor. Fühlt sich jemand als Opfer, dann sendet er dem Universum die Botschaft:

„Bitte nimm mir mein Geld wieder weg, damit die Leute Mitleid mit mir haben und mir aus diesem Grund noch mehr Geld geben." Das ist kein besonders cleveres Denken, aber auf diese Weise „investieren" arme Leute. Sie glauben, wenn sie 900 Euro verlieren, wird schon ein Engel Mitleid mit ihnen haben und ihnen 9000 Euro zustecken. Das geschieht sogar zuweilen, aber was passiert dann? Sie können mit ihrer inneren Programmierung einfach nicht aufhören (so wie ein Drogenabhängiger) ... Wenn sie ihre 9000 Euro bekommen, dann sorgt etwas dafür, dass sie dieses Geld auch wieder verlieren. Und dann denken sie tief in ihrem Inneren, dass das Universum ihnen jetzt vielleicht einen Engel schickt, der ihnen 90.000 Euro gibt! Das kann dann eine Entschädigung aus einem Gerichtsverfahren sein, das doch nur ein Luftschloss ist, oder eine Erbschaft, und sie sind schon ganz aufgeregt, aber natürlich passiert nichts. Das ist ein geläufiges Muster. Ich sehe es immer wieder und es macht mich traurig. Man könnte ihnen dieses Buch in die Hand drücken und sie würden es trotzdem nicht glauben, weil sie in ihrem Suchtmuster – dass nämlich die anderen ihnen helfen müssen – so sehr feststecken.

Wenn jemand von euch zu mir kommt und mich fragt, ob ich Geld in seine Idee oder sein Projekt investieren will, dann hat er aus diesem Buch nichts gelernt. Ich bin hier, damit du dich selbst ermächtigst, und nicht um dir finanziell unter die Arme zu greifen. Man kann dir einen Fisch geben, den isst du dann. Am nächsten Tag bist du wieder hungrig und bittest erneut um einen Fisch. Ich aber lehre dich, wie man angelt, und dann übernimmst du die Verantwortung für dein Leben und kannst jederzeit überallhin gehen und alles tun. Du wirst völlig frei. Du bist weder auf meine Hilfe noch auf sonst eine Hilfe angewiesen. Das größte Problem in vielen westlichen Ländern ist heute, dass jeder darauf wartet, dass ihm ein anderer hilft. Sie erwarten, dass ein Arzt ihren Körper wieder zusammenflickt, nachdem sie ihn mit toter, industriell verarbeiteter Nahrung zerstört haben. Sie hängen davon ab, dass jemand ihnen Geld gibt. Sie hängen von Freunden oder Partnern ab, die sie emotional unterstützen. Sie hängen von den Medien ab, die ihnen sagen sollen, was in und was out ist. Sie hängen von Banken und Kreditkarten-Gesellschaften ab, die ihnen das Geld leihen sollen, das sie nicht haben und auch nie verdient haben. Diese Liste könnte man endlos fortsetzen. Wenn man alle Einzelhändler und Restaurants schließen und die Energiezufuhr abstellen würde, wüssten die Leute überhaupt nicht mehr, was sie tun sollten. Sie hätten keinen blassen Schimmer. Vermutlich würden sie zuerst die anderen ausrauben, weil sie gar nicht mehr wissen, dass die wilden Pflanzen in ihrem Vorgarten essbar sind und eine wirksame Medizin liefern.

Die Leute hängen für praktisch alles von jemand anderem ab. Das führt unweigerlich zur Katastrophe. Wenn dann etwas passiert – was machen sie dann? Sie geben den anderen die Schuld an ihren Problemen … der Regierung, den Banken, den Ärzten, der Versicherung und so weiter. Immer ist jemand anderes schuld. Arme Opfer. Hallo! Werdet endlich erwachsen!

Diese Heulsusenmentalität muss unbedingt aufhören.

Gib auf und lass endlich los

Eines Tages macht es Klick und du gibst auf. In diesem Fall ist Loslassen das Beste, was dir passieren kann. Du musst *Tabula rasa* machen und wie ein Kind ganz von vorn anfangen. Du musst erkennen, welch ein Wunder ein Schmetterling darstellt, wie schön eine Blume ist, und all deine Sorgen und Probleme vergessen. Für manche klingt das unverantwortlich, aber man muss diese Phase durchlaufen, um sein eigenes System neu programmieren zu können. Die ganze Festplatte muss komplett neu programmiert werden.

Die Wahrheit zuzulassen ist der einzige Weg.

Für uns alle.

Einsteins Gleichung E=mc^2 bewies, dass Materie und Energie identisch sind. Energie manifestiert sich als Materie und umgekehrt. Willst du wissen, welche Art von Energie deine Gedanken erschaffen, betrachte einfach dein Leben. Schau dich um. Das alles hast du selbst hervorgebracht. Ärgert es dich, wenn ich das sage? Dann befindest du dich im Opfer-Modus. Ganz gleich, welche große Lehre du betrachtest, sie besagen alle dasselbe. Jesus beispielsweise sprach: *„Nicht ich, sondern dein Glaube hat dich geheilt."* Hast du das gehört? Er gab selbst zu, dass nicht er es war. Der Mensch hatte es selbst getan, er hatte sich selbst geheilt. Und doch sitzen unzählige Menschen auf der Welt herum und warten darauf, „gerettet" zu werden. Liebe Leute, es wird nie etwas passieren, wenn ihr nicht euer Sitzfleisch lüftet und eure Energie verändert, eure Gedanken und Taten – und zwar jetzt gleich!

Bekomm das in deinen Dickschädel – ganz gleich, wie viel du auch verlierst, *du verlierst nie dich selbst*. Die Reichen wissen das, und das verleiht ihnen die Freiheit und die Stärke, das zu tun, was sie tun wollen. Es ist ihnen egal, ob sie alles verlieren, denn das Universum füllt jedes Vakuum sofort mit etwas anderem aus, gemeinhin mit etwas Neuerem und Besserem.

Ich werde das immer wieder und wieder sagen, bis dir die Ohren klingeln wie von einem Lied und seinem Refrain, der dir nicht mehr aus dem Kopf gehen will.

„Willst du deine Gesundheit verbessern, verbessere zuerst deine Gedanken."
Dr. Noah McKay

Deine Emotionen sind nicht nur eine innere Realität. Ihre Energie drängt wellenförmig in die Außenwelt und beeinflusst dort alles in deinem Leben. Alles. Wie ein Echo werden deine Emotionen von der

Zukunft reflektiert. Also schau dich um: Was immer gerade in deinem Leben geschieht, ist nur ein Echo der Emotionen, die du vor Kurzem ausgesendet hast. Wie schnell alles zu dir zurückkommt, hängt von deinem emotionalen Zustand ab. Je mehr du stagnierst, desto länger dauert alles. Je länger du in deiner schmerzhaften Vergangenheit wühlst, desto mehr bekräftigst du sie und erzeugst sie erneut.

Menschen, die nicht mehr in der Vergangenheit leben und die nicht mehr über ihre Krankheit reden, merken sofort, wie sich ihr Leben verbessert.

Auf jede deiner Aktionen erfolgen gleich viele Reaktionen. Das ist ein universelles Gesetz. Man nennt das „Leben". Lass mich das noch einmal sagen: Die Energie, die du erzeugst, erschafft dein Leben. Was erzeugst du? Wut? Angst? Oder Glück und Frieden?

Denk an das, was ich über das Schenken gesagt habe. Wenn du anderen etwas gibst, gibst du es dir selbst. Worum du also in deinem Leben bittest, das solltest du auch GEBEN. Ich weiß, dass das komisch klingt, aber so ist es nun mal.

Die Absicht ist alles, was zählt.

Mach es mit Liebe oder lass es sein!

Vermutlich klingt das viel zu einfach für dich, aber mach es trotzdem – glaube ab jetzt daran, dass alles in Ordnung ist. Atme tief durch, entspann dich und sag dir immer wieder: „Alles ist in Ordnung." Und glaub mir: DAS FUNKTIONIERT! Dein Unterbewusstes kennt den Unterschied nicht. Was immer du auch glaubst, wird zu deiner Wirklichkeit. Der gesunde Menschenverstand spricht dagegen, aber dennoch kann es wissenschaftlich belegt werden. Auf diesem Sektor haben Quantenphysiker und Epigenetiker mehrere Nobelpreise gewonnen.

Was wir denken, wird wahr

„Ob du nun glaubst, du kannst es oder du kannst es nicht, beides stimmt."
Henry Ford

Energie kann weder geschaffen noch zerstört werden – sie ändert nur ihre Form.
Du hast die Macht, dein Leben und dein Schicksal zu verändern.
Doch das Tollste daran ist, dass es dich KEINEN CENT kostet!
Nichts in der Welt kommt diesem Grad an Erfolg, Effizienz und Macht gleich.
Ich sage es gern noch eine Million Mal: Lernst du, deine Ängste abzuwerfen und mitten ins Unbekannte zu springen, kann das dein Leben retten.
Das ist gesunder Menschenverstand: Fühlst du dich nicht gut – ÄNDERE ES!
Bist du im Alltag gefangen und machst dieselben leblosen Dinge immer wieder und wieder, dann suhlst du dich wahrscheinlich in deinem Selbstmitleid und in deiner Vergangenheit.

„Das Gestern ist ein geplatzter Scheck, das Morgen eine Schuldverschreibung, das Heute ist dein einziges Bargeld – also nutze es sinnvoll."
Kim Lyons

Wandel

Der Wandel macht unser Leben so neu und frisch wie kaum etwas sonst. Er rüttelt dich wach und lässt dich wieder im Hier und Jetzt leben. Beginne bei den kleinen Dingen, bei denen das einfach ist:

- Schalte den Fernseher aus.
- Umgib dich mit schönen Dingen.
- Höre und spiele schöne Musik, singe und tanze.
- Schrei so laut du willst, wenn du allein bist.
- Renne und springe auf und ab. Mach Sport. Geh ins Fitnessstudio.
- Mach eine Darmspülung.
- Lerne ein paar Witze und erzähle sie ganz ohne Anlass einfach weiter.
- Umarme andere Menschen, sag ihnen, dass du sie gern hast.
- Verschenk etwas – irgendwas, selbst kleine Dinge. Werde dein nutzloses Zeug los.

Du musst die Energie in deinem Leben in Fluss bringen.

Weltwirtschaft

Während ich diese Zeilen schreibe, stehen die Wirtschaftssysteme von Amerika und Europa am Rand des Abgrunds. Nichts kann für immer und ewig oben bleiben. Selbst Rom ging unter, als es zu groß, zu gierig, zu faul und zu selbstgefällig geworden war. Das ist ein ganz natürlicher Zyklus: Erst geht es aufwärts, dann bricht es zusammen. Das ist ganz natürlich, wenn Dinge sich bewegen und fließen. Nichts bleibt ewig gleich. Aber mach dir deswegen keine Sorgen. Schon immer sind Wirtschaftssysteme aufgeschwungen und dann in sich zusammengestürzt. Das bedeutet nicht, dass du gleich sterben musst. Es heißt auch nicht, dass du bald hungern wirst. Häuser lösen sich nicht in Luft auf. Es gilt dann nur, die Prioritäten neu zu ordnen, und das ist sehr gesund. Es bedarf des Wandels, damit die Dinge mal wieder ordentlich durchgerüttelt werden.

Der Wandel ist etwas Gutes, das wissen die Reichen. Die Superreichen haben ihr Vermögen immer in Krisenzeiten erworben, weil sie die Chancen im Wandel erkannten. Gerade jetzt steckt die Welt voller Chancen. Es ist wie bei dem Spiel „Reise nach Jerusalem" – schnapp dir einen Stuhl. In allen Zeiten des Wandels gibt es jemanden, der reich wird!

> *„Das Unglück des Weisen ist besser als der Reichtum des Törichten."*
> Epikur

Was aber hast du der Welt zu bieten? Du wirst nach dem entlohnt, was du auf den Tisch legst. China und Indien haben bereits gelernt, uns Werte zu liefern. Jetzt bist du dran.

Wir sollten einen Schritt zurücktreten und uns das Gesamtbild ansehen. Falls es dir noch nicht aufgefallen ist: Es stimmt gar nicht, dass die ganze Welt in einer Krise steckt. Ganz im Gegenteil: Einer Hälfte der Welt geht es besser als jemals zuvor. In China und Indien gibt es in jeder Minute einen neuen Millionär. Die Wirtschaft in diesen Ländern wächst explosiv.

Was war das denn? Hat dich gerade Bitterkeit, Eifersucht oder ein spontanes Gefühl der Abneigung durchzuckt? Das wolltest du eben nicht hören, oder? Diese Leute sind dir egal, stimmt's? Du willst nur, dass DU reich wirst, alle anderen interessieren dich nicht. Wenn du so etwas gespürt hast, wirf es SOFORT über Bord. Du vergiftest damit deine Zukunft. Diese Negativität fällt auf dich zurück und du wirst dich selbst verbittert und schlecht fühlen. Also: Hör auf damit!

Du musst allen das Beste wünschen, ganz gleich, um wen es sich handelt.

Das ist der einzige Weg zu Frieden und Wohlstand.

Wenn wir einmal die politische Diktatur außen vor lassen und uns auf die einzelnen Menschen konzentrieren, dann kenne ich viele

„normale" Chinesen. Sie sind wunderbar. Ich habe einen Monat in Indien verbracht und habe gemerkt, welch besondere, sehr spirituelle Seelen die Inder sind. Einige meiner besten Freunde stammen aus Indien. Ich liebe ihre Energie. Sie VERDIENEN es, wohlhabend zu sein. Sie gehören zur Familie. Wir sind alle miteinander verbunden. Wenn du ihnen hilfst, wird man dir helfen.

Mach aber NIEMALS etwas in der Erwartung, dass du es zurückbekommst. Das Universum durchschaut solche egoistischen Handlungen unmittelbar. Denk immer daran: Das Wichtigste ist die Absicht. Wenn du etwas gibst, weil du erwartest, etwas dafür zurückzubekommen, dann werden sich die Leute bei dir genauso verhalten.

Verschenke die Güte deines Herzens. Genieß es, freimütig zu geben, selbst wenn es sich nur um Gedanken, Gebete oder Wünsche handelt. Bei all dem handelt es sich um mächtige Energien.

Heul nicht über die Wirklichkeit, widerstrebe ihr nicht, streite nicht mit ihr.

Werde zu der Wirklichkeit, die du dir wünschst.

Du änderst dein Leben, indem du die Qualität des gegenwärtigen Augenblicks veränderst.

Da alles nur Energie ist, haben natürlich auch Orte ihre eigene, besondere Energie. Du bist sicher schon einmal an einen Ort gekommen und hast dich dort sofort unwohl gefühlt – oder ganz besonders angeregt. Überall herrschen positive und negative Energien. Das sollte dir bewusst sein, denn sie beeinflussen auf vielfältige Art und Weise dein Leben.

Die Chinesen schenken dem Feng Shui große Beachtung – der Wissenschaft des Kraftflusses im eigenen Heim. Wohin zeigt die Fassade, wie sind die Zimmer geschnitten, welche Gegenstände stehen im Zimmer und wo, wie sind ihre Farben und ihre Schwingungen? Das alles beeinflusst dich, deine Stimmungen, deinen Erfolg und dein Wohlbefinden. Irgendwas wird wohl dran sein, denn die Chinesen sind gerade dabei, die Welt zu übernehmen (das meine ich gar nicht negativ). Selbst der Kommunismus ist nicht mehr als ein vorübergehender Schluckauf.

Er wird nicht lange andauern. Hab also keine Furcht vor dem Wandel. Als das Römische Reich die Länder der sogenannten Barbaren eroberte, verbesserte sich das Leben dort enorm. Wir alle können von den anderen sehr viel lernen. Es lässt sich nicht mehr vermeiden, dass irgendwann alles ineinander übergeht.

Widerstand ist zwecklos. Und er bedeutet den Tod (und ist zudem eine gewaltige Energieverschwendung).

Fließen, akzeptieren und sich anpassen – das ist Leben.

Wir befinden uns am Beginn einer Ära, in der alle zusammenarbeiten müssen. Unsere individuellen Ausprägungen des Bewusstseins beginnen bereits zu einem einzigen zu verschmelzen. Dank des Internets ist augenblicklicher Gedankenaustausch möglich. Es ist sicher die aufregendste Zeit in der gesamten Menschheitsgeschichte. Wir sind mittendrin, in eine neue Welt wiedergeboren zu werden. Stell dir vor, welche Macht und Kraft und welcher Fortschritt darin liegt, dass jeder auf unserem Planeten Kopf und Herz zusammenbringen und etwas erschaffen kann, das 7 Milliarden mal stärker ist als alles, was wir als Einzelne auf die Beine stellen könnten. Wir verlieren unsere eigene Persönlichkeit nicht, sondern profitieren vom Besten jedes anderen Menschen auf der Erde. Heute haben wir unbegrenzte Macht.

Mach dir um den Erfolg keine Sorgen. Der ist längst da. Du musst ihn nur noch zulassen. Sei einfach mal für einen Moment still und geh deinen Bedenken aus dem Weg. Sperr die Tür weit auf und lass den Erfolg herein. Er hat schon seit dem Augenblick deiner Geburt an deiner Tür geklopft, aber du hast ihn ignoriert. Du wusstest ja alles besser! Du dachtest, du wüsstest, welche Arbeit am besten zu dir passt (vielleicht hast du auch nur geraten). Und sieh mal, wo du heute stehst. Bist du bereit, dich endlich mal eine Minute lang zu entspannen, die Experten hereinzubitten und dein Leben von Grund auf ernsthaft zu verändern?

Andere springen auf den bereits rollenden Zug auf. Die Party hat längst begonnen. Verpass sie nicht. Sie ist besser und macht auch mehr Spaß als deine Privatparty voller Selbstmitleid. Das Leben ist zu kurz, um es an all das Negative zu verschwenden, an all die Reue, all dein Bedauern, all deine Rachegedanken. Denk weniger und lebe endlich. JETZT!

Imitiere nicht, setz deine eigenen Trends

Immer, wenn etwas Neues und Tolles auf der Bildfläche erscheint, machen sich alle anderen daran, es zu kopieren. Aber sie werden nie so groß sein wie der Erste. Du darfst also nicht mehr denken, dass du ein weiteres _____ machen solltest, denn das macht ja schon _____, und er ist damit erfolgreich. Und du bist NICHT er! Du bist DU. Was kannst DU der Welt bieten, was sonst niemand kann? Was macht DICH so einzigartig? DAS ist deine Fahrkarte zum Erfolg. Hab den Mut, alles, was du hast, auf dich selbst zu setzen. Dich gibt es nur ein einziges Mal auf der Welt. Was also ist das Einzigartige an dir?

Und was immer du tust – TU ES GUT und von ganzem Herzen!

Gib bei dem, was du tust, dein Bestes, und teile es mit möglichst vielen Menschen.

„Man verändert nie etwas, indem man die existierende Wirklichkeit attackiert. Um etwas zu verändern, muss man ein neues Konzept entwickeln, dass das alte überflüssig macht."
Richard Buckminster Fuller

Stuart Wilde hat es am besten ausgedrückt:
„Der Schlüssel zum Erfolg liegt darin, dass du deine eigene Energie erhöhst, dann werden die Menschen automatisch von dir angezogen."

Das, was du nicht sehen kannst, ist unendlich viel effektiver als alles, was du siehst.

Ändere die Ursachen, nicht die Symptome

Alles, was du in der physischen Welt wahrnimmst, ist das Resultat von etwas, das zuerst energetisch geschaffen wurde. Geld ist in diesem Sinne bloß ein Symptom. Das kannst du schon auf ähnliche Weise in meinem Gesundheitsbuch lesen: Bei Krebs, Diabetes und Herzerkrankungen handelt es sich immer nur um Symptome. Willst du das Problem loswerden, dann darfst du nicht nur die Symptome bekämpfen – DU MUSST DAS ÄNDERN, WAS SIE VERURSACHT HAT!

Es genügt nicht, die Krebszellen herauszuschneiden und dann weiter zu rauchen, Alkohol zu trinken, Schweinefleisch und Kartoffelchips zu essen.

Das trifft auch auf Geld und Wohlstand zu. Sie sind nur ein Symptom dafür, dass jemand über die richtige Energie verfügt. Es hat keinen Zweck, dem Geld nachzujagen, wenn du energetisch im Kopf nach wie vor durcheinander bist. Deshalb verlieren arme Menschen, die im Lotto gewinnen, in der Regel all ihr Geld wieder, während reiche Leute immer mehr Geld verdienen, selbst wenn sie es verlieren.

Je höher deine Energiefrequenz ist (in anderen Worten: je positiver sie ist), desto mehr Vermögen und Wohlstand wirst du anziehen. Wenn du ein hell strahlender Leuchtturm bist, ziehst du alles so mühelos an wie das Licht die Motten in der Nacht. Bist du allerdings eine elende, bodenlose Grube voller Verzweiflung und Selbstmitleid, die immer nur schluchzend flennt, wie schlecht es ihr doch geht … wer soll denn dann gern mit dir zusammen sein? Glaubst du wirklich, dass es jemand gern mit so etwas aushält? Diese negative Energie stößt Dinge, Menschen und Wohlstand ab.

Manche Menschen bewahren selbst in den schwierigsten Zeiten ihre Haltung, sie sind die ersten, die aus ihrem Loch wieder hervorkommen, als hätten Engel sie geschnappt und emporgehoben. Die anderen sumpfen weiter in der Finsternis umher und fallen immer tiefer in ihre Depression, weil sie den „Glücklichen" die Schuld dafür geben, dass sie vom Universum bevorzugt behandelt wurden. Das stimmt auch. Das Universum bevorzugt positive Energie.

Die Menschen sind von Ergebnissen besessen. Sie wollen sofort am Ziel ankommen – Geld, Sex, Macht, gutes Aussehen, ein großes Haus, Status und so weiter. Sie nehmen jede Abkürzung, die sie sich leisten können.

Doch es gibt keine Abkürzungen. Viele Menschen verschwenden mehr Zeit und Kraft mit dem Suchen von Abkürzungen, statt es einfach von vornherein richtig zu machen. Dazu kommt, dass Abkürzungen immer nur eine Zeitlang funktionieren und schlechter sind als der richtige Weg. Letztendlich hätte sie das Richtige viel weniger gekostet, hätte sie weniger angestrengt und wäre von längerer Dauer und stabiler gewesen. Wir müssen begreifen, dass es so etwas wie eine Abkürzung nicht gibt. Es handelt sich dabei um Versuchungen, die uns ablenken.

Tatsächlich schaden uns Abkürzungen oft genug, und es kostet uns zudem viel Zeit, sie wieder zurückzugehen oder zu reparieren. Man wird durch die Schönheitschirurgie nicht jünger. Du wirst jünger, wenn du deinen Körper von Grund auf reinigst und deine Leber, deine Nieren, deinen Darm und deine Einstellung zum Leben überarbeitest. Die Leute gehen zum Arzt, um sich liften und mit dem Laser behandeln zu lassen, sie bekommen Spritzen und sehen dann aus wie Monster. Ich habe mein Buch *Heile dich schon* geschrieben, weil die Menschen nicht ahnen, dass es sich bei den Falten und Fältchen in ihrem Gesicht nur um Symptome handelt, die rückgängig gemacht werden können. Aber das gelingt nur durch eine tiefgreifende Veränderung des Lebenswandels – in deinem Gesicht spiegelt sich deine Gesundheit wider. Jeder Teil des Gesichts ist mit einem bestimmten Körperteil verbunden. Hast du beispielsweise Zornesfalten und Krähenfüße, weist das auf eine vergiftete Leber hin. Ringe oder Säcke unter den Augen bedeuten Nierenprobleme. Tiefe Falten, die sich von der Nase zu den Mundwinkeln erstrecken (die nasolabialen Falten), deuten auf Darmprobleme hin.

Ja, sie können rückgängig gemacht werden. Wie stark, das hängt ganz davon ab, wie entschlossen du dich reinigst und deine destruktiven Gewohnheiten LOSLÄSST. Ich kann dir garantieren, dass 90 Prozent aller Leute dazu nicht bereit sind. Sie wollen es einfach haben, gemütlich und bequem. Also werden sie nie jünger (oder wohlhabend).

Und noch einmal: Da gibt es keine Abkürzungen. Natürlich kannst du dich einer Schönheitsoperation unterziehen und dann eine Zeitlang auch besser aussehen, aber unter der Haut verfaulst du weiter – und eines Tages erkrankst du dann an Darm-, Nieren- oder Leberkrebs. Wenn es so weit gekommen ist, spielen die meisten Menschen den Überraschten und geraten in den Opfermodus. Entweder sind dann die Gene schuld (also die Eltern) oder die genetisch manipulierten Nahrungsmittel (also die böse Industrie) oder der Stress (also der Ehepartner und die Rechnungen) oder Giftstoffe am Arbeitsplatz (also der Beruf). Was soll das? Übernehmt endlich die Verantwortung für euer Leben! Es ist wissenschaftlich bewiesen, dass ihr eure Gene innerhalb von SEKUNDEN allein durch die Art und Weise, wie ihr denkt, völlig verändern könnt. Das stimmt, man kann Gene durch die Kraft der Gedanken und Gefühle ganz einfach an- und ausschalten. Wenn du mir das nicht glaubst, lies es doch nach. Zum Beispiel in dem Buch *Die neue Medizin des Bewusstseins* von Dawson Church. Für Forschungen auf diesem Gebiet wurden bereits mehrere Nobelpreise verliehen. Mit deinem Geist und deinen Gefühlen kannst du im wahrsten Sinne des Wortes dein Leben für immer ändern.

Es geht darum, dass der Krebs oder eine andere Erkrankung nur ein Symptom darstellt und dass dein Leben dich schon gewarnt hat, bevor es auftauchte. Dein Gesicht lässt sich mit dem Armaturenbrett deines Autos vergleichen – es besitzt ebenfalls überall Warnleuchten und Anzeiger. Du musst nur wissen, was sie bedeuten und darfst sie NIE durch Schönheitschirurgie entfernen, weil sie dir ja helfen wollen. Ist die Ursache erst einmal beseitigt, dann verschwinden auch die Warnleuchten (die Runzeln, Falten, Pickel, Mitesser, Warzen, Leberflecken, das dünne Haar, die grauen Haare und so weiter). Hör auf, die Symptome zu behandeln und geh endlich die URSACHEN an!

Wünschst du dir Reichtum, Geld und Glück, hast aber zum gegenwärtigen Zeitpunkt nichts von all dem, dann kannst du nicht mehr so weitermachen, wie du bislang gelebt hast und gleichzeitig erwarten, dass das zu einem anderen Ergebnis führt. Du musst DICH verändern.

Wenn in deinem Leben (deiner äußeren Wirklichkeit) nicht alles rund läuft, dann läuft auch in deinem Kopf und in deinem Geist nicht alles glatt. Denn das Äußere spiegelt schließlich nur wider, wie gut es dir innerlich auf der energetischen Ebene geht. Das Äußere sind deine Warnleuchten. Achte auf sie.

Sei entschlossen!

Der nächste Punkt ist ganz einfach. Sag laut und deutlich vor anderen Menschen, dass du fest entschlossen bist, ein bestimmtes Ziel zu erreichen. Du wirst dich wundern, welche Kraft dir das gibt.

Warum? Weil wir – wie schon gesagt – so sehr darauf achten, was andere über uns denken. Wir sind so eitel. Wir wollen vor anderen nicht dumm dastehen. Wenn wir also in Anwesenheit anderer (je mehr das sind, desto besser) laut und deutlich erklären, wie entschlossen wir sind, dann müssen wir auch durchhalten, uns daran halten und es zustande bringen, sonst halten uns die anderen für einen Idioten.

Finde also heraus, was genau deine Ziele sind (nicht einfach nur „jede Menge Geld verdienen") und rufe sie laut und öffentlich aus. Du wirst dich wundern, wie viel du erreichen kannst, wenn dein Ruf auf dem Spiel steht!

Mach es aus dem richtigen Grund

Die Absicht ist alles. Das Universum beobachtet uns. Bevor du beginnst, musst du dir sorgfältig klar darüber werden, WARUM du dir Geld und Erfolg wünschst. Geht es darum, dass du dich „beweisen" willst? Hast du Angst vor der Armut und versuchst deshalb zu hamstern? Nimm dich in Acht. Wenn du es nicht aus den richtigen Gründen willst, wirst du nicht glücklich. Du MUSST dir und dem Universum gegenüber aufrichtig sein. Du hast es hier mit etwas sehr Wirkungsvollem zu tun, und das Letzte, was du nach einem Leben voller Stress brauchst, ist eine weitere, schmerzlich gelernte Lektion.

Du brauchst keine großen und teuren Sachen, um dich gut zu fühlen. Denk immer daran, dass du glücklich sein solltest, ob du nun gerade viel oder wenig besitzt – darauf darf es nicht ankommen. Geld ist keine Glücksgarantie. Besitz kommt, Besitz geht. Aus welchem Grund wünschst du dir also wirklich Geld und Erfolg? Damit keine Rechnungen mehr ins Haus flattern, die dir Stress bereiten? Auch reiche Leute müssen Rechnungen bezahlen. Immer wieder wird dich das Leben herausfordern, es wird immer Stress geben. Das bleibt dir erhalten.

Das ist eine sehr ernste Sache. Sie bestimmt die Qualität deiner Zukunft.

> *„Es ist nicht schwer, die richtige Entscheidung zu fällen, wenn man seine Werte kennt."*
> Roy Oliver Disney

Wenn du mehr Geld hast, kaufst du dir vermutlich nur noch größere und teurere Sachen ... und das führt nur zu noch mehr Rechnungen und noch mehr Stress. Das bringt uns zur nächsten Lektion:

GELD GIBT DIR KEINE SICHERHEIT

Das wäre die größtmögliche Illusion, die man sich über Geld machen kann. Es gibt uns nämlich keine Sicherheit. Selbst wenn du unglaubliche Mengen an Geld hättest, würdest du doch fürchten, es wieder zu verlieren. Dann brauchst du eine Sicherheit für deine Sicherheit. Geld kommt und geht. Selbst die reichsten Leute sind schon mehrmals Bankrott gewesen. Sie finden ihre Sicherheit *nicht* im Geld, sondern in dem Wissen, dass sie wieder auf die Füße kommen werden – was auch immer geschehen mag.

Die EINZIGE Sicherheit, die dir wirklich immer zur Verfügung steht, ist dein innerer Frieden mit dir selbst. Integrität ist die einzige wahre Sicherheit. Und sie hat rein gar nichts mit Geld zu tun. Tief in deinem Inneren weißt du, dass das Leben kaum mehr ist als ein Spiel. Geld, Menschen, Häuser, der Beruf und so weiter – all das kommt und geht. Solange du in innerem Frieden mit dir bist, geht es dir gut.

„Hier auf Erden gibt es keine Sicherheit, nur Chancen."
General Douglas MacArthur

Worum sorgst du dich in Wirklichkeit? Wir haben bereits festgestellt, dass du nicht verhungern kannst. Machst du dir Sorgen, dass der von dir geliebte Mensch dich verlässt, wenn du kein Geld mehr hast? Wenn das geschieht, war er ohnehin nicht aus dem richtigen Grund mit dir zusammen. Eine echte Beziehung hält ungeachtet aller Umstände. Man betrachtet das Leben als gemeinsames Abenteuer. Ein wahrer Partner würde sagen: „Ach, wenn wir eine Zeitlang in einem Zelt leben müssen, dann ist das eben so. Es ist sowieso cool, näher an der Natur zu sein." Das Leben ist im Grunde eine Achterbahnfahrt – und man fährt Achterbahn, um etwas Aufregendes zu erleben. Nichts bleibt auf ewig gleich. Es geht darum, dass du deine Arme gen Himmel streckst und juchzt, und all das, was scheinbar schlimm ist, in etwas Wunderbares verwandelst. Manche Leute zahlen sogar Geld dafür, dass sie in einem Zelt leben können. Viele Lebensmittelhändler haben mittlerweile Löwenzahn im Angebot. Vor ein paar Jahren hätten die Leute noch gesagt: „Was – ich soll Unkraut essen?" Jetzt zahlen sie in schnieken Restaurants viel Geld für solche vermeintlich exotischen Salate. Alles eine Frage der Betrachtung.

„Damit du erfolgreich bist, sollte dein Wunsch nach Erfolg stärker sein als deine Angst vor dem Scheitern."
Bill Cosby

Geld und Beziehungen

Wenn eine Beziehung in die Brüche geht, liegt die Ursache oft genug im Geld. Das ist ziemlich traurig. Zwei schöne, sich liebende Seelen reißt es nur wegen ein bisschen Papier mit Zahlen darauf, das in ein paar Jahren vielleicht völlig wertlos sein wird, auseinander. Selten geht es darum, wie viel Geld man hat, sondern darum, wie es ausgegeben wird. Meistens haben zwei Menschen, was dieses Thema angeht, ganz unterschiedliche Vorstellungen. Das liegt darin begründet, dass jeder anders aufgewachsen ist und daher eine andere Programmierung erhalten hat. Diese Vorstellungen kollidieren dann, weil zwei Menschen nie gleich sind. Zumindest verursachen diese unterschiedlichen Vorstellungen über das Ausgeben von Geld bei einem oder bei beiden Ängste. Die Lösung besteht nicht darin, noch mehr Geld zu verdienen (denn das kann zu Burn-out und Abneigungen gegenüber dem Partner, der das offenbar verlangt, führen), sondern darin, die diesen Ängsten zugrunde liegenden Ursachen, also die Programmierung, anzugehen. Dazu muss man aufrichtig sein, man muss offen miteinander reden, ohne sich zu ärgern oder wütend zu werden. Beide Gesprächspartner sollten aufnahmebereit sein und begreifen, wo der jeweils andere herkommt und innerhalb welchen Glaubenssystems er funktioniert.

Beide müssen flexibel und willens sein, mit dem anderen in vernünftigen, vorher festgelegten Grenzen zu arbeiten. All das sollte sich in einem vernünftigen Rahmen abspielen.

Meistens geht es um unterschiedliche Prioritäten. Der eine hat vielleicht Angst vor harten Zeiten und möchte so viel wie möglich Geld sparen, der andere aber meint, man müsse schließlich auch leben – wozu sind wir sonst auf der Welt? Beide müssen sich in der Mitte treffen, sich irgendwie auf einen Plan verständigen und sich dann daran halten.

Zuerst müsst ihr die Ziele herausfinden, die ihr teilt. Was stimmt überein, worauf könnt ihr euch einigen? Fangt beim Grundsätzlichen an und kümmert euch später um die Einzelheiten.

Wenn du dieses Buch komplett gelesen hast, wird sich deine Angst hoffentlich etwas verringert haben. Du MUSST leben und auch Spaß haben. Und du MUSST klug mit deinem Geld umgehen. Der Schlüssel liegt darin, beide Interessen im Gleichgewicht zu halten. Ohne Gleichgewicht kann das Universum nicht existieren. Für jede Kraft gibt es eine ihr entgegengesetzte, gleich starke Kraft. Zu jedem Tag gehört eine Nacht. So wie es Yin und Yang, Mann und Frau, heiß und kalt, Sommer und Winter gibt.

Manage dein Geld

Bis jetzt hat dein Geld dich beherrscht. Du musst jetzt damit anfangen, dein Geld zu beherrschen.
Die meisten Leute haben keine Ahnung, wie man mit Geld umgeht. Sie verdienen es, dann geben sie es aus. Und auf mysteriöse Weise sind die „Rechnungen" immer gerade so hoch wie das, was sie verdient haben. Nie bleibt etwas hängen. Warum ist das so?
Dafür gibt es einen einfachen Grund und eine ebenso einfache Antwort.
Zuerst einmal füllt das Universum – wie bereits gesagt – jede Leere aus, die entsteht. Kommst du mit 400 Euro nach Hause, wirst du dort Rechnungen in Höhe von 400 Euro vorfinden. Verdienst du 1500 Euro, dann rechne dir aus, wie du das Geld verwenden wirst. Bei 10.000 Euro ist es dasselbe. Hast du einmal viel Glück und hast 2 Millionen, dann kaufst du dir sofort ein neues Haus, ein neues Auto, neue Möbel und feierst das Ganze mit einer Reise nach Hawaii ... und die Endrechnung geht über – genau! – etwas über 2 Millionen. Das hört niemals auf. Du wirst immer einen Weg finden, dein Geld auszugeben, selbst als Milliardär!

Das ist wohl auch der Grund, warum dir das Universum keine Millionen Euro in die Hand drückt – du weißt nicht, was du damit anfangen sollst und wie du damit umgehen kannst.

Ich helfe dir dabei, das hereinkommende Geld wert zu sein.

Ich mache Folgendes – und offenbar funktioniert es so:

Schritt 1: Wohin fließt dein Geld?

Die meisten Leute haben keine Ahnung, wohin all ihr Geld verschwindet. Wenn du das aber genau betrachtest, wirst du ein Aha-Erlebnis haben. Einen Großteil des Problems stellen die scheinbar kleinen Dinge dar. Auf die achten wir nicht besonders – hier mal eine Currywurst auf dem Heimweg oder ein Sonderangebot in der Einkaufsgalerie und da ist noch ein Coupon, der uns bei _____ 25 Prozent Rabatt gibt. Willst du den Stier wirklich bei den Hörnern packen, musst du genau wissen, was vorgeht. Von jetzt an wird JEDE Ausgabe – wirklich JEDE –, die du und dein Partner tätigen, am Abend ganz genau aufgeschrieben. Jede Tankfüllung, jeder Caffè Latte, jede Autowäsche, jeder Schokoriegel, jede geliehene DVD, jede Currywurst, jedes kleine Ding, das du spontan im Laufe des Tages kaufst. Zählst du dann alle diese kleinen Ausgaben zusammen (etwa ein Kaffee bei Starbucks pro Tag), dann ergibt das im Laufe der Jahre ganze Millionen!

Siehst du das am Abend auf dem Papier feinsäuberlich aufgelistet (dazu brauchst du nur ein paar Minuten), dann beginnst du, wieder Kontrolle über dein Leben zu übernehmen.

Schritt 2: Die unterschiedlichen Konten

Das ist wichtig. Sobald du Geld verdient hast, musst du es in bestimmte Kategorien einordnen.

Ich selbst habe sechs Konten bei der Bank und teile mein Geld sofort wie folgt auf:

Sechs KONTEN
1. Business: 25 Prozent
2. Rechnungen: 25 Prozent
3. Steuern: 15 Prozent
4. Spenden: 10 Prozent
5. Rücklagen: 20 Prozent
6. Spiel: 5 Prozent

1. Business

Das ist das Geld, das du für dein Geschäft brauchst. Dein eigenes Geschäft ist eine Investition in dich selbst und in deinen Traum, wie du der Welt helfen willst. Wenn du nicht selbstständig arbeitest, brauchst du gar nicht viel Geld, das du geschäftlich ausgeben musst. Trotzdem rate ich dir, dieses Geschäftsgeld einzubehalten – so sparst du für dein eigenes Unternehmen, das du umso eher beginnen kannst. Denk immer daran: Alle Reichen sind selbstständig. Arme Menschen arbeiten für andere. Wenn dir einmal pro Monat Geld auf dein Konto überwiesen wird, weil du als Angestellter arbeitest, ziele auf deine Unabhängigkeit hin. Angestellte werden selten reich und wohlhabend. Sie sind Sklaven.

2. Rechnungen

Bei den meisten Menschen beläuft sich die Höhe der Rechnungen (Lebenshaltungskosten) auf mindestens 50 Prozent ihres Einkommens. Bei Armen betragen sie rund 100 Prozent. (Ich erkläre das später.) Du musst wohl auch bei 50 Prozent anfangen, wir werden aber daran arbeiten, den Betrag auf 25 Prozent zu reduzieren.

Ich habe mein Leben vereinfacht, indem ich auf alle kostspieligen Sachen verzichtete, bis meine Lebenshaltungskosten nur noch 25 Prozent meines Einkommens betrugen. Dazu gehörten Hypotheken, Lebensmittel, Energie und so weiter. Bei dir ist das wahrscheinlich nicht so, geh also daran, deine Lebenshaltungskosten zu senken! Einfachheit ist ein universelles Gesetz, um den Fluss der Energie und den Erfolg zu vergrößern. Flugzeuge sind schneller, wenn sie weniger Gepäck geladen haben. Je leichter ein Rennwagen ist, desto schneller ist er. Wanderer mit einem leichten Rucksack schaffen es weiter und müssen weniger Kraft aufwenden. Trägst du weniger Last mit dir durchs Leben, hast du weniger Stress, bewegst dich flinker und erledigst deine Aufgaben effektiver. Du schläfst nachts besser und lebst länger. Das ist der gemeinsame Nenner bei allen Gesundheitsfragen, die ich in meinem Buch *Heile dich selbst* beschrieben habe – man muss sein Leben, seinen Körper, seinen Geist und seine Seele von all dem Mist reinigen, der sich im Laufe der Zeit angesammelt hat. Es gibt ja das Missverständnis, dass alle Reichen über unendlich viel Besitz verfügen und ihr Geld nur so aus dem Fenster werfen. Im Gegenteil: Die meisten Reichen sind extrem effizient und leben ein einfaches Leben – häufig ein einfacheres als dein eigenes. Ist dir je aufgefallen, dass Reiche sehr wenig arbeiten, während Arme den lieben langen Tag über schuften wie Irre? VEREINFACHE DEIN LEBEN! Senke deine Kosten – senke sie, verringere sie! Spende, verkauf oder wirf Dinge weg, die dich im Grunde nur Geld kosten und deine Aufmerksamkeit fesseln. Entferne so viel wie möglich aus deinem Leben. Du sitzt in einem Fesselballon, der drauf und dran ist, an einem Berg zu zerschellen. Wirf Ballast ab, um hoch über deinen Problemen zu schweben. Je geringer deine Lebenshaltungskosten, desto mehr Kraft steht dir zur Verfügung, mit der du dich aus deinem Loch befreien kannst.

3. Steuern

Als Selbstständiger sparst du für deine Steuern schon in dem Augenblick, in dem das Geld auf deinem Konto eingeht. Arme sparen nicht für Steuern, weil sie ihr Augenmerk immer auf das gerade Notwendige gerichtet haben (vom dem vieles vermeidbar wäre, wenn sie nur ihre negativen energetischen Gedankenmuster verändern und ihr Leben vereinfachen würden). Als Selbstständiger mit vielen Abschreibungen und Ausgaben (also Mehrwertsteuer, die du mit deiner Umsatzsteuer verrechnest) hast du am Ende des Jahres bei deinen

Steuern Geld übrig. Dabei handelt es sich wieder um Rücklagen. Was immer auch übrig ist, steckst du zu deinen Rücklagen, die du nicht anrührst.

4. Spenden

Ein Zehntel deines Einkommens muss als Spende für Menschen in Not weitergegeben werden. Das ist ein universelles Gesetz. Wenn du da betrügst, wird dich das Leben ebenfalls hintergehen. Denk daran, dass alles Energie ist – du investierst damit also in Wirklichkeit positive Energie in dich selbst. Was du ausgibst, kommt zu dir zurück. Wenn du es richtig machst, bist du jedes Mal aufgeregt, weil du schließlich etwas Gutes tust. Du spürst eigentlich unmittelbar, wie positive Energie dein Leben erfüllt. Du darfst aber nie in der bewussten Erwartung spenden, dass du dafür eine Kompensation erhältst.

> „Du hast heute nicht wirklich gelebt, wenn du nicht etwas für jemanden getan hast, der dir das nie wird zurückzahlen können."
> John Bunyan

5. Rücklagen

10 Prozent verwendest du auf Ersparnisse, die in keinem Fall angerührt werden dürfen. Auch NICHT in Momenten der Schwäche. Selbst in Notlagen wirst du dieses Geld in den seltensten Fällen brauchen. Und je positiver und gesünder dein Leben ist, desto seltener wirst du übrigens in eine Notlage geraten. Wozu sparst du dann? Du investierst in Sachen, die im Wert steigen werden. Auf diese Weise kannst du in dieser Kategorie niemals Verluste machen. Sie ist deine kuschelige Wiege.

6. Spiel

Schließlich dürfen 5 Prozent (oder 10 Prozent, wenn du schnellere Ergebnisse willst) zum SPIELEN verwendet werden. Die musst du aber auch wirklich ausgeben – du darfst sie nicht bunkern, um in einer Notlage darüber verfügen zu können. Diese 5 Prozent dienen dazu, dich zu belohnen und das zu tun, was dir Spaß macht ... eine Massage, ein gutes Essen im Restaurant, die Übernachtung in einem Fünf-Sterne-Hotel. Aus verschiedenen Gründen ist das äußerst wichtig. Denk stets daran, dass alles nur Energie ist und dass das, was du tust oder empfindest, zu deiner Wirklichkeit wird. Nun musst du wissen, wie es sich anfühlt, wenn man vermögend, erfolgreich und wohlhabend ist. Du musst dich an das gute Leben gewöhnen. Damit programmierst du dein Unterbewusstsein auf Erfolg – und das ist viel wichtiger, als du denkst. Es handelt sich also NICHT um eine leichtfertige Verschwendung von Geld, das du anders besser ausgeben könntest. Ganz im Gegenteil: Du investierst in DICH und in deine ZUKUNFT. Wenn man jemanden zum Busfahrer ausbildet, dann muss er eben Bus fahren, bis er es kann. Und dasselbe trifft auf den Wohlstand zu. Du musst das Gefühl kennen, wie man sich im Leben ANGENEHM und ohne Stress fühlt ... du musst dich gut und geborgen fühlen. Leute sollen sich um dich und deine Bedürfnisse kümmern, nicht nur du immer um die Bedürfnisse der anderen. Dabei MUSST du dich energetisch wohlfühlen oder du wirst nie den wahren Erfolg verdienen.

Und jeder, der denkt, er dürfe sich diese Ausgaben nicht erlauben, sie seien doch *„leichtfertig, denn damit könnten wir stattdessen auch unsere Rechnungen bezahlen"*, bleibt einfach arm. Du wirst reich, wenn du so tust, als seist du reich. Wenn du glaubst, dass du das jetzt nicht verdient hast, dann bleibst du genau da, wo du gerade bist und kommst im Leben nicht weiter. Beim Reichwerden geht es nicht um dein Geld, sondern um dich und wie du dich fühlst.

Vereinfache dein Leben!

Jetzt sagen viele sofort: „Aber wir haben gar nicht so viel Geld, um all das zu machen. Wir haben jetzt gerade mal genug, um unsere Rechnungen zu bezahlen." So etwas kann nur jemand sagen, der sich als machtloses Opfer sieht, das keine Kontrolle über sein Leben hat. Übernimm ab jetzt die Kontrolle! Den größten Kampf musst du gegen deine eigene Programmierung führen. Hör auf damit, dir einzureden, dass es keinen Ausweg gibt. Wenn die Rechnungen zu hoch sind, kaufst du dir ein billigeres Auto oder Haus oder du entscheidest dich dafür, dein Leben effizienter zu gestalten. Du brauchst doch den ganzen Müll nicht, den du besitzt. Wenn du ernsthaft zur Sache gehst, kannst du deine Ausgaben radikal einschränken.

Stell dir einen Notfall vor, bei dem du gezwungen bist, innerhalb von sechs Stunden dein Haus zu räumen. Was würdest du in diesem Fall mitnehmen? Deinen Ausweis, deinen Führerschein, ein paar Kleidungsstücke, dein Handy, deinen Laptop und ein paar USB-Sticks oder externe Festplatten mit deinen wichtigsten Dateien. Ich würde mir natürlich auch meinen *Vitamix*-Mixer schnappen! Wenn du das durchspielst, weißt du, was du wirklich für dein Leben brauchst. Und das ist nicht sonderlich viel. Wenn du für Blödsinn wie Kabelfernsehen und Ähnliches bezahlst, kannst du da sofort Einsparungen vornehmen. Fernsehen ist ohnehin verdummende Verschwendung wertvoller Lebenszeit. Wenn du es wirklich ernsthaft angehst, kannst du deine Rechnungen auf 25 Prozent reduzieren. Eine solche Reduktion auf das Wesentliche macht den neuen Sachen Platz, die in dein Leben treten werden.

Die Geldformel der Mehrfachkonten hat bei sehr vielen Menschen funktioniert. Dieses vorgehen hat sie aus dem Schlamassel geholt, in dem sie sich befanden. Sie haben dadurch nicht allzu viel Geld vorschnell für die falschen Sachen verschwendet. Es funktioniert wirklich. Auch ich habe das Geld immer dann ausgegeben, wenn es hereinkam – und hatte schließlich nichts mehr übrig. Das alles hatte ein Ende, als ich mit diesem Programm begann. Schon bald wirst du merken, dass du dein Leben kontrollierst und dein Geld stetig wächst. Ich will jetzt keine weiteren Ausflüchte mehr hören. Willst du reich und vermögend sein oder nicht? Krempel die Ärmel hoch und pack das an, egal, wie viel Kraft es dich kostet. Und erlaube dir KEINEN Augenblick der Schwäche, in dem du von einem deiner Konten Geld nimmst, um das Geld auf ein anderes Konto zu tun.

Zumindest weißt du, worum es geht. Sobald du Geld verdient hast, wandert es auf diese Konten. Heutzutage ist das ja ziemlich einfach, weil man seine Bankgeschäfte zu Hause am Computer erledigen kann. Mein Einkommen trifft praktisch immer per PayPal bei mir ein, ich überweise es stets auf die betreffenden Konten, noch bevor ich das Geld ausgeben kann – und mich damit in Verlegenheit bringe. Durch dieses Geldmanagement halte ich die spontanen Ausgaben unter Kontrolle, die ich in der Vergangenheit hatte, sobald ich Geld in die Finger bekam.

Der Unterschied

Der Unterschied zwischen „reich" und „arm" liegt in der Einstellung. Reiche Leute VERDIENEN und INVESTIEREN Geld. Arme Leute GEBEN Geld AUS. Diese Einstellung musst du ändern. Mit diesem Managementsystem gelingt dir der Einstieg.

Um vermögend und wohlhabend zu werden, brauchst du etwas Disziplin, aber das ist ein guter Anfang. Das Problem der Armen ist, dass sie das Geld in dem Augenblick AUSGEBEN, in dem sie es erhalten. Verdienen sie mehr Geld, kaufen sie sich sofort ein größeres Auto. Wenn sie noch mehr verdienen, kaufen sie sich ein größeres Haus. Und das hört niemals auf. Wenn sie Geld haben, geben sie es unverzüglich aus. Es steigt ihnen zu Kopf. Mehr Kleider, ein längerer Urlaub: Sie brauchen das Gefühl, um zu zeigen, dass sie es zu etwas gebracht haben. Sie haben 10 Euro, sie geben 10 Euro aus. Sie haben 10.000 Euro, sie geben 10.000 Euro aus. Das Problem dabei ist, dass nie etwas übrig bleibt, und das ist KEINESFALLS der Weg zum Wohlstand. Ein größeres Haus bedeutet höhere Ausgaben für dieses Haus und damit mehr Arbeit. Du wirst zu einem Hamster im Rad, der wie wild läuft, aber nie irgendwo hinkommt. Und schließlich sagst du dir selbst: „Jetzt verdiene ich endlich mehr Geld und es bleibt trotzdem nie etwas übrig. Wo geht das ganze Geld nur hin? Ich verstehe das einfach nicht!" Klingt das vertraut? Wahrscheinlich. So ist es bei über 90 Prozent der Menschen. Es wird bei all dem nicht viel nachgedacht – es geht um sofortige Befriedigung, jetzt, sofort, gleich, ich, ich, ich. Aber die Schuld haben immer „sie" (die anderen, die eine leichte Zielscheibe bieten).

Viele der Reichen haben genau dort begonnen, wo du gerade stehst – mit ganz wenig Vermögen. Ich selbst habe bei null angefangen, als ich aus der Wüste zurückkehrte. Die Reichen wurden reich und viele andere nicht, weil die Reichen eben ihr Geld klug verwalteten. Sie vereinfachten ihr Leben auf das Notwendigste und setzten jeden Cent weise ein. Wenn sie nur 400 Euro hatten, ihr Auto aber für 400 Euro repariert werden musste, verkauften sie es für 500 Euro, kauften sich für 400 Euro ein Motorrad und steckten die verdienten 500 Euro in ihr Geschäft. Besaßen sie ein Haus, verkauften sie es und zogen eine Zeitlang in eine Mietwohnung, weil sie wussten, dass sie sich über kurz oder lang ein ganzes Anwesen würden leisten können. Sie sahen weiter und investierten in ihr Ziel, so, als hinge ihr Leben davon ab. Und letztendlich tat es das ja auch.

Doch die meisten Menschen brauchen sofortige und unmittelbare Befriedigung wie eine Droge, um ihren Alltag zu ertragen. Sie fühlen sich gut, wenn sie Geld ausgeben, weil es ihnen zeigt, dass sie frei sind. Niemand will sich gefangen fühlen. Und doch verschwenden sie genau das Mittel, mit dem sie sich wirklich aus diesem Gefängnis befreien könnten.

Weil es sich hier um eine geistige Sucht und Abhängigkeit handelt, gleicht dieses Problem den körperlichen Gesundheitsproblemen der Menschen – auch da geht es um unmittelbare Befriedigung. Leute essen, was für sie ungesund ist, was ihnen aber gut schmeckt. Sie denken:

„Was soll diese eine Pizza oder dieser eine Keks schon anrichten?" Und doch hört es niemals auf. Dann werden sie alt, kommen nicht mehr so recht aus dem Bett, weil ihr Energieniveau so niedrig ist, ihre Beziehung leidet, weil sie immer so gereizt sind und es sexuell auch nicht mehr so gut läuft und so weiter. Ihnen fallen die Haare aus, sie bekommen Falten und gehen zum Schönheitschirurgen, um all das zu verdecken. Es ist ein Witz.

Hätten sie nur ein bisschen Disziplin, dann würden sie sich von all den unmittelbaren Befriedigungen verabschieden und so leben, wie die Natur es für uns vorgesehen hat, dann würden alle diese Probleme verschwinden und es würde ihnen gutgehen.

Ich setze die Gesundheit parallel zum finanziellen Vermögen, weil es bei beidem um DICH und deine Reflexe geht. Einmal in Bezug darauf, was du isst und ein anderes Mal in Bezug darauf, wie du dein Geld ausgibst. Verzichte auf die kurzfristigen Drogenschübe und fang an, dich zu kontrollieren. Es geht um längerfristige Dinge. Willst du reich werden, musst du dich selbst neu erfinden, und zwar jetzt, bevor es zu viele Baustellen zu versorgen gibt.

Beginne mit dem, was du erreichen kannst.

Selbst wenn zu gegebener Zeit in jedes Konto nur ein paar Cent wandern – irgendwo musst du ja anfangen. Du machst den ersten Schritt, indem du einen Fuß vor den anderen setzt. Und dann siehst du nach einer Weile, wie sich das Geld in deinen verschiedenen Konten ansammelt. Dann bist du etwas aufgeregt. Dabei handelt es sich um positive Energie, die sich aufbaut. Das bekommt mit der Zeit eine immer stärkere Dynamik – und bevor du es richtig merkst, wird dein Vermögen exponentiell anwachsen.

Fang jetzt an, deine unbewussten Triebe zu beherrschen. In dem Augenblick, in dem du reinen Tisch machst und das Richtige tust, fühlst du dich innerlich stark. Du fühlst dich augenblicklich reiner, stärker und unter Kontrolle. Diese Verwandlung tritt unmittelbar in Kraft.

Die größte Ausrede

Arme Leute behaupten, sie hätten doch gar kein Geld, mit dem sie arbeiten könnten. Aber natürlich managen sie es an dem Tag, an dem sie es erhalten. Aber jetzt gerade haben sie keines, also geht es um ihr Überleben. (Rede ich hier von dir?) Als Erstes hörst du auf, auf „mehr" Geld zu warten. Es geht um das, was du genau jetzt besitzt, ganz gleich, wie wenig es ist. Du musst mit irgendwas beginnen und wenn es nur ein paar Cent sind. Lies den Abschnitt noch einmal durch, den ich über das Reduzieren und das wirklich Notwendige geschrieben habe (siehe das Kapitel „Vereinfache dein Leben!" auf Seite 110).

Bis jetzt hat dein Geld dich beherrscht. Du musst nun anfangen, dein Geld zu beherrschen. Ich werde das immer wieder und wieder sagen.

Das Universum (Gott) beobachtet dich. Es hat grenzenlose Macht. Es ist dein größter Investor (eigentlich der EINZIGE), aber es ist ein kluger und vorausschauender Investor. Du musst ihm zuerst beweisen, dass du des „Pfennigs wert" bist, bevor es dir den Taler in die Hand drückt. Hast du bewiesen, dass du mit dem Taler umzugehen verstehst, wird es dir 100 Taler reichen ... und so weiter.

Falls du eben ärgerlich geworden bist, etwa in der Art: *„Aber ich weiß doch, wie man mit Geld umgeht, was erzählt der Rothkranz da eigentlich?"*, dann hat sich gerade dein Ego gemeldet. Reiche Leute haben stets ein offenes Ohr für neue Kniffe und Tricks. Sie sind aufmerksam und hören gut zu. Arme glauben, sie wüssten schon alles und verhalten sich dann stur und defensiv. Du bist nicht aufnahmefähig, wenn du gerade explodierst. Denk daran, alles ist Energie. Beginne damit, Energie ANZUZIEHEN, nicht sie abzustoßen. Wenn IRGENDWER dir also ein Feedback gibt, ganz gleich, um WEN es sich handelt, dann hörst du ihm zu und denkst ernsthaft darüber nach, was das Universum dir gerade mitteilen will. Häufig spricht das Universum (die Wahrheit) durch die ungewöhnlichsten Menschen und Situationen zu dir. Manchmal durch jemanden, den du zutiefst verachtest – lass dich da nicht beirren. Die Botschaft ist da und wird von JEDEM gespiegelt, der gerade in deiner Nähe ist. Menschen sind Spiegel. Sie reflektieren dich und das, was du lernen musst. Selbst die nervigsten Situationen können deine größten Lehrer sein. Glaub ja nicht mehr, dass alle um dich herum verrückt geworden sind und dass nur du recht hast und niemand sonst weiß, wovon er da spricht. Räum dein dummes Ego aus dem Weg. Jedes Mal, wenn ich einem Superreichen zuhöre, erstaunt es mich erneut, wie schnell und einfach er ZUHÖRT und LERNT. Glaub es mir oder lass es bleiben, aber sie wissen genau, wie man sich augenblicklich zurücknimmt und empfänglich wird. Das sind die WAHRHAFT reichen Menschen. Jeder, der dich instinktiv bekämpft und sich mit dir streitet und redet ohne nachzudenken, ist vermutlich pleite.

> „Wenn du dem Menschen ständig in den Hintern treten würdest, der für deinen ganzen Ärger verantwortlich ist, würdest du einen Monat lang nicht mehr sitzen."
> Theodore Roosevelt

Bist du jetzt eher bereit, zuzuhören und etwas zu lernen? Bist du willens, etwas Neues auszuprobieren oder wirst du dem, was ich sage, weiter Widerstand leisten?

Mir ist es egal, wie pleite du bist. Mir ist auch egal, wie wenig du besitzt. Selbst mit nur ein paar Euro kannst du dich aus dem Loch befreien, in dem du hockst. Jede Situation ist anders. Der erste Schritt besteht darin, ernsthaft aus diesem Loch HERAUSZUWOLLEN. Der zweite darin, zu GLAUBEN, dass das wirklich möglich ist. Beim dritten Schritt verzichtest du auf alles, was dich nervt, ablenkt, dich belastet oder dich unten hält.

VEREINFACHE dein Leben. Verkleinere das Geldloch, das dein Auto und dein Haus verursachen, wenn es nötig sein sollte. Bau dein eigenes Essen an. Sollte es so weit kommen, dann denk daran, dass du selbst

Unkraut und praktisch alles essen kannst, was in deiner Umgebung wächst. Du kannst deine Gesundheitsprobleme lösen. Löwenzahn ist ein guter Anfang. Schalte deinen Computer an – die Lösung ist oft nur ein paar Mausklicks weit entfernt. Du musst dich nur umsehen. Der vierte Schritt besteht darin, all die negativen Programmierungen zu löschen, die du in Bezug auf Geld, Erfolg, Wohlstand und reiche Leute in dir trägst. Das ist der Schlüssel – oder alles, was du dir verdienst, wird dir wieder genommen werden, und du bist wieder dort, wo du angefangen hast. Der fünfte Schritt besteht darin, dein Leben und deinen Geist zu reinigen, damit dir klar werden kann, warum du hier bist und worin deine Mission besteht. Du brauchst ein Ziel (das kann nicht nur darin liegen, reich zu werden). Mit was könntest du anderen helfen?

Der sechste Schritt besteht darin, alles zu nehmen, was du hast und jeden Cent, einfach alles, für deine Sache einzusetzen. Du musst diese Sache wie einen großen Militärschlag planen. Jeder Cent ist ein Soldat, der bereit ist, für dich ins Feld zu ziehen. Er wartet nur auf dein Kommando. Sei klug. Lass ihn nicht umsonst sterben. Schütze ihn und ehre ihn. Er ist deine Zukunft.

DU bist es, der dein Leben beherrscht.

Die Freiheit, deine eigenen Entscheidungen zu treffen, ist ein Geschenk Gottes an dich.

Nutze dieses Geschenk gut. Das Universum beobachtet dich. Es wird es dir lohnen.

*„Wenn du schon zu denken anfängst,
kannst du auch in großen Dimensionen denken."*
Donald Trump

*„Nicht die Niederlage ist der schlimmste Misserfolg.
Wirklich gescheitert ist nur der, der es nicht versucht hat."*
George Edward Woodberry

Denk daran, dass dir 5 bis 10 Prozent zur Verfügung stehen, mit denen du dich selbst verwöhnen kannst. Es ist nicht alles Ernst, sondern auch Spaß. Du solltest dich daran gewöhnen, wie ein Reicher zu denken. Gewöhn dich daran, zu NEHMEN, nicht nur zu geben.

Der Schlüssel: deine Programmierung

Jetzt geht es um den wichtigsten Aspekt von allen. Deine Programmierung legt fest, welche Art von Energie du abgibst. Diese wiederum bestimmt, was (und wen) du anziehst oder abstößt und wo deine Grenzen liegen. Selbst wenn du ganz ohne Angst wärest, kämst du doch immer wieder auf das zurück, worauf du programmiert wurdest. Gesetzt den Fall, du wärest darauf programmiert, 100.000 Euro im Jahr zu verdienen. Ganz gleich, wie sehr du dich auch anstrengst – es bleibt immer bei dieser Summe, weil sie es ist, mit der du dich wohlfühlst. Selbst wenn du 200.000 Euro verdienen würdest, zögest du energetisch etwas an, das dazu führt, dass du 100.000 Euro wieder verlierst oder es dir nach einem Jahr so schlecht ginge, dass sich das wieder ausgleicht. Hast du einmal ein schlechtes Jahr, wird das nächste umso besser, um es zu kompensieren.

Nach einiger Zeit fühlst du dich mit deinen 100.000 Euro ganz wohl und merkst, dass das immer so klappen wird ... komme, was wolle. Und so ist es dann auch: man KÜMMERT sich um dich – DU kümmerst dich um dich selbst! Das geschieht durch deine Programmierung, die du zugelassen hast und die jetzt dein Leben auf einem Niveau hält, mit dem du dich „realistisch" wohlfühlst.

Deine geheimen inneren Überzeugungen erschaffen deine Welt.

Ganz gleich, wie deine nach außen getragenen Träume oder Hoffnungen (Wünsche) auch aussehen, dein inneres System von Überzeugungen (deine Programmierung) legt das Ergebnis fest, weil du dir unbewusst sagst: „Ich hätte zwar gern _____, realistischerweise werde ich aber wohl nur _____ erhalten." Und so ist es dann auch.

Du bekommst, was du erwartest

So einfach ist das.

Wächst du als Frau in einer Familie oder einer Gesellschaft auf, in der Frauen nur wenig Geld verdienen, dann wirst du auch nicht mehr erwarten. Du triffst einen Mann, der keinerlei Ambitionen hat oder der mit Geld nicht umgehen kann, damit deine Erwartungen sich erfüllen. Wünsche und Hoffnungen bewirken nichts – Erwartungen schon.

Das trifft auch auf Männer zu. Bist du darauf programmiert, nur eine bestimmte Summe und nicht mehr zu verdienen, dann tritt eine Frau in dein Leben, die gern Geld ausgibt. Selbst wenn du dann sehr viel Geld verdienst, wird sie es auf dem ursprünglichen Niveau halten und den Rest verprassen.

Daraus resultiert viel Frust und es führt zu Streit und Trennungen, und doch wird es durch die *Programmierung* der beteiligten Personen verursacht. Das muss bereinigt und dann verbessert werden.

Diese Muster kann man immer und bei allen Menschen beobachten.

- Manche Leute schaffen es nicht, einen Arbeitsplatz über längere Zeit zu behalten.
- Manche Leute verdienen immer Geld, egal mit was.
- Manche Leute verdienen nie mehr, ganz egal, wie sehr sie sich ins Zeug legen.
- Manche Leute verdienen sehr viel Geld und verlieren es sofort wieder.
- Manche Leute treffen auf Investoren und alles sieht gut aus und dann passiert nichts mehr, und das wiederholt sich immer wieder aufs Neue.

Gibt es auch in deinem Leben ein solches Muster, das sich immer wieder ereignet und du weißt nicht, warum? Denkst du manchmal sogar, du seist verhext? So als hätte das Karma dich verflucht?

Dieser „Fluch" besteht bloß aus all den angehäuften Überzeugungen, die du hegst, und die du schon früh in deinem Leben erworben hast. Haben deine Eltern schwer gearbeitet und es dennoch zu nichts gebracht, dann ist es sehr wahrscheinlich, dass es dir ebenso ergeht.

Haben sich die Eltern einer Frau scheiden lassen, als sie noch jung war, und sie hat mitangesehen, wie sich ihre Mutter durchkämpfen musste, wird sie wohl kaum Vertrauen haben, dass ein Mann sich um sie sorgt. Sie ist überzeugt, dass Beziehungen nicht von Dauer sein können und sabotiert deshalb jede Beziehung, in der sie sich befindet. Das betrifft dann auch das Geld, denn alles, was sie kennt (und womit sie sich dann wohlfühlt), ist ja der Kampf.

Solche Geschichten ließen sich endlos fortführen. Immer können diese sich wiederholenden Muster auf Ereignisse in der prägenden, frühen Kindheit zurückgeführt werden.

Und sie werden sich solange wiederholen, bis du deine innere Programmierung änderst. Wie bei der „Opfermentalität" bestätigst du immerzu die Programmierung deines inneren Überzeugungssystems. Wenn etwas immer wieder geschehen ist, dann erwartest du, dass es sich auch erneut ereignen wird. Du hältst sogar Ausschau danach, um dich darin zu bestätigen. Und was passiert dann? Du findest genau das, was du suchst.

Darin besteht die größte und auch verblüffendste Enttäuschung, die Menschen erleben – sie erkennen immer wieder dasselbe Muster in ihrem Leben, ob es nun um Geld, Beziehungen, Gesundheit oder sonst etwas geht. Deine Programmierung bestimmt praktisch alles andere. Das sagt uns schon der gesunde Menschenverstand. Was wir als Kinder erleben, bestimmt unsere Wirklichkeit. Sehen wir, wie die Leute sich durchkämpfen, halten wir das ganze Leben für einen Kampf. Wachsen wir hingegen in Beverly Hills auf, halten wir das Leben für einfach. Wir glauben, dass immer Geld da sein wird, egal, wie viel wir davon aus dem Fenster werfen – es kommt immer neues nach. Ähnliche Programmierungen bestimmen oft auch die Qualität unserer Beziehungen – immer haben die Menschen dieselben Probleme und die gleichen Eigenschaften, ganz gleich, wie viele du auch betrachtest. Viele meinen zwar: „Gut, diese Lektion habe ich jetzt gelernt, das wird mir nie wieder passieren!" Und dann passiert es doch wieder, auch wenn man meint, seine Lektion gelernt zu haben. Wenn man auf eine bestimmte Art und Weise programmiert ist, dann kommt man stets zum gleichen Ergebnis.

Es sei denn, du änderst deine Programmierung.

Wenn dein Geld „wachsen" soll, musst DU wachsen.

Und wenn du willst, dass sich deine Beziehung zum Besseren wandelt, ist das etwas komplizierter, weil du zwar DEINE Programmierung ändern kannst, nicht aber die der anderen Person (die das vielleicht gar nicht will). Hast du plötzlich die Geisteshaltung eines Millionärs, dein Partner aber immer noch die Vorstellung, er oder sie müsse sinnlos Geld ausgeben, dann kann das ganz schön schwierig werden. Es gibt keinerlei Garantie dafür, dass sich zwei Menschen zu genau derselben Zeit verändern.

„Das Geschäft ist einfach. Die Leute sind kompliziert."
T. Harv Eker

Wie du dich verändern kannst

Der erste Schritt besteht darin, zu begreifen, was vor sich geht. Dann musst du das Muster erkennen. Dann musst du herausfinden, wo es seinen Ursprung hat. Bist du einmal auf dieser Spur, trittst du wie ein Detektiv einen Schritt zurück und sagst dir: „Aha! Jetzt verstehe ich. Wie dumm ich doch war, all diesen Mist zu glauben." Durchschaust du die Dinge, dann beginnt der Transformationsprozess, der ihnen ihre Kraft raubt. In dir hauste ein Parasit, der dir deine Lebenskraft aussaugte. Ganz gleich, wie viel „Nahrung" und Geld du in dein Leben steckst – der Parasit in dir frisst immer mehr davon und wird immer fetter und stärker. Gleichzeitig bist du immer erschöpfter, frustrierter und äußerlich kaputter. Du fragst dich, wohin all das Geld fließt, das Essen oder die Zeit und so weiter.

Schaust du erst einmal nach innen und ERKENNST diesen Parasiten, kannst du ihn auch loswerden. Er ist deine uralte Überzeugung.

Du kannst nach innen blicken und dort eine deiner Überzeugungen erkennen, die lautet: „Reiche Menschen sind schlechte Menschen." Diese Überzeugung bloßzulegen ist gut, aber glaubst du das wirklich? Denkst du nicht immer noch ein wenig, dass das wirklich zutrifft? Wenn das so ist, musst du daran arbeiten. Es genügt nicht, sich einfach zu sagen: „Das stimmt nicht", wenn du im Herzen noch daran glaubst. Tu, was nötig ist, um diesen Mythos zu zerstören. Das kann sich ganz schön schwierig gestalten, denn wie du weißt, wirst du dir immer wieder beweisen, dass du recht hast. Glaubst du, dass reiche Menschen schlechte Menschen sind, dann triffst du garantiert auf einen schlechten Reichen, der dir das beweist. Du musst begreifen, dass jede Medaille zwei Seiten hat – es gibt also auch nette reiche Menschen. So einer kannst du werden. Nehmen wir einmal an, es gäbe KEINE netten Reichen – dann könntest du, wenn du den Mut dazu aufbringst, der erste nette reiche Mensch der Welt sein! Nur weil jemand sich auf eine bestimmte Art und Weise verhält, heißt das noch lange nicht, dass du nicht der Erste sein könntest, der es ganz anders macht. Dann schreibst du Geschichte.

Im 15. Jahrhundert glaubte man, die Erde sei eine Scheibe. Wenn ein Schiff weit genug aufs Meer hinausfuhr, musste es irgendwann am Rand hinabstürzen. Das glaubten die Leute wirklich! Und dann meinte eines Tages ein Mann, der heute dafür berühmt ist: „Das glaube ich nicht!" Der Rest ist Geschichte.

> *„Ein erfolgreicher Mensch erschafft ein starkes Fundament aus den Brocken, die ihm die anderen hingeworfen haben."*
> David Brinkley

Beweise der Welt, dass sie keine Scheibe ist und plötzlich ist sie eine Kugel. Beweise dir selbst, dass reich sein keine Schande ist und plötzlich bist du reich. Geh raus und triff Leute – entdecke eine neue Welt.

Erfolgreiche Menschen erledigen ihre Hausaufgaben

Die Armen glauben, sie wüssten alles. Die Reichen wissen, dass es noch viel zu lernen gibt. Wenn meine Welt mir Schmerzen verursacht, dann muss ich sofort deren Ursache herausfinden (statt sie zu verstecken) und dann alles daran setzen, diese Schmerzen loszuwerden – ganz gleich, wie viele „Hausaufgaben" das auch erfordert, wie viel Nachforschungen, Versuche und wie viel Scheitern. Thomas Edison probierte über tausend unterschiedliche Materialien aus, bevor er das Material fand, das er für seine Glühbirne benötigte. Bis es so weit war, lachte ihn jeder andere Wissenschaftler aus.

Ich glaube nur an das, was tatsächlich funktioniert, nicht an das, was die anderen meinen.

Gehörst du zu denen, die stark genug sind, ein Glaubenssystem zu überwinden und allen anderen zu beweisen, dass sie im Unrecht sind? Bist du stark genug, dich gegen die ganze Welt zu stellen und deinem Herzen zu folgen, ungeachtet dessen, was dir die anderen sagen oder was sie über dich denken?

Es gibt einige (und ich gehöre dazu), denen es völlig gleichgültig ist, ob es nun Chemtrails gibt, Illuminaten, kommunistische Übernahmepläne, die Neue Weltordnung, böse Banker und so weiter und so fort. Ich behaupte nicht, dass es all das nicht gibt, aber die Menschen, die sich deswegen Sorgen machen, ziehen ja genau das in ihr Leben und werden dann unglücklich. Ich hingegen bin auf der Welt, um mein Leben zu genießen, und zwar erfüllt, solange ich hier bin. Ich möchte die Sonne auf meiner Haut spüren und so oft wie möglich Sex haben. Ich möchte Musik machen, Filme drehen, Bücher schreiben und reisen. Ich möchte nackt an einem tropischen Sandstrand liegen und das ganze Leben umarmen. Meine Aufgabe ist es, die Welt zu inspirieren. Und das werde ich auch tun!

Du erschaffst deine eigene Wirklichkeit. Das hat die Quantenphysik bewiesen. Du kannst alles durch dein Denken, deine Überzeugungen und die Energie, die du investierst, verändern, und zwar JETZT SOFORT.

Dieses E-Mail habe ich gerade von Swami Ramananda Maharaj erhalten:

„Die Menschen haben so viel Angst, manche vor den Illuminaten, andere, weil sie denken, dass wir uns kurz vor einer Revolution befinden – ein Mann hat mich heute gebeten, ich solle das Land verlassen ... alle wollen, dass ich in die Zukunft sehe. Ich habe ihnen gesagt: ‚Betrachtet nur diesen Augenblick. das JETZT. Bewusstes Leben im gegenwärtigen Augenblick legt die Zukunft fest. Wenn wir uns auf den gegenwärtigen Augenblick konzentrieren, mit all seinem positiven Potenzial, können wir die Welt erleuchten, dann bringen wir Licht in die Negativität der Angst, die uns bloß lähmt. Am wichtigsten aber ist, denke ich, dass wir die Welt mit einem EINZIGEN großen Gedanken verändern können.' Jetzt müssen wir glauben – ich will das Land nicht verlassen, meine Arbeit ist hier. Mit Liebe, Swami."

Ich habe mich dafür entschieden, in einem romantischen Film mitzuspielen. Wenn du lieber in einem Horrorfilm leben möchtest – bitte, es ist deine Entscheidung. Ich aber sitze dann im Kino gegenüber und habe Spaß, denn mir wurde das größtmögliche Geschenk gemacht – ein menschlicher Körper, durch den Gott all die Schönheit und all die Wunder der Natur und auch andere Menschen fühlen, sehen, riechen, berühren und schmecken kann. Wenn ein anderer in einem stillen Zimmer auch nur die Seite in einem Buch umblättert oder ich höre, wie jemand auf den Tasten eines Computers herumhämmert, laufen mir kalte Schauer den Rücken herunter. Ich liebe es, den Atem meiner Freundin zu hören, die wenige Zentimeter von mir entfernt friedlich schläft. Ich liebe das Gefühl, die weiche und warme Haut eines Menschen zu berühren und das gesamte Universum in den Augen eines Menschen zu erkennen. Wir sind hier, um das Leben zu GENIESSEN, nicht, um Angst vor ihm zu haben! Je schneller du das begreifst, desto schneller wirst du wahrhaft leben.

Hab keine Schuldgefühle mehr!

DU KANNST DEN ARMEN NICHT HELFEN,
WENN DU SELBST ARM BIST.

Es ist völlig in Ordnung, in einem Privatjet zu sitzen und Millionen von Euro auf dem Konto zu haben. Es ist völlig in Ordnung, reich zu sein. Arme Menschen wird es auf der Welt IMMER geben. Und du kannst nicht allen helfen. Selbst wenn du ihnen Geld gibst, würden sie es wohl aus dem Fenster werfen. Ich habe das versucht, und das ist immer wieder passiert. Du musst sie lehren, wie sie sich selbst ermächtigen können.

Es wird immer schlimme Menschen geben. Diese Rolle spielen sie wie in einem Film. Jeder Film braucht einen Bösewicht. Gäbe es die Dunkelheit nicht, könntest du keine Sterne sehen. Deine Aufgabe ist es, der Star in deinem ureigenen Film zu sein. Also verhalte dich auch so! Die Welt braucht Helden. Die Menschen brauchen Leute, zu denen sie aufschauen können. Sei nicht arm, nur weil es überall Arme gibt. Sie brauchen einen Helden. Und je mehr Einfluss und Geld dir zur Verfügung steht, desto mehr kannst du ihnen helfen. Einfluss zieht Einfluss an. Das Universum wird dir alles geben, was du für deine Aufgabe benötigst. Wenn du so mehr erledigen kannst, wenn du an einem Tag in drei Städten sein willst, ohne am Flughafen Schlange stehen zu müssen, dann ist ein Privatjet eben sinnvoll. Die Zeit verfliegt nur so und wir haben viel Wichtiges in kurzer Zeit zu bewerkstelligen. Die Welt hat uns so nötig. Also lass uns leuchten und die Frequenz dieses Planeten in unbekannte Höhen heben. Wir haben das Recht auf Wohlstand und Glück. Wir müssen uns nicht dafür schämen oder uns deshalb schuldig fühlen. Sei doch der anziehendste, reichste, glücklichste, beste, liebevollste, freigiebigste, schönste und wohlhabendste Mensch, der du nur sein kannst.

Diese Aufzählung enthielt das Wort „freigiebigste". Das ist der geheime Zaubertrank. Diese Eigenschaft dient dazu, immer weiteren Wohlstand in dein Leben zu ziehen (Gib und du wirst empfangen.). Sie reinigt dich auch von Schuldgefühlen. Es ist in Ordnung, superreich zu sein, solange du etwas davon zurückgibst. Alle Lebewesen in der Natur geben wieder zurück, was sie genommen haben. Das ist die natürliche Ordnung der Welt. Die Natur kennt das Muster des Erfolges. Wir müssen nur von der Natur lernen und zur Wahrheit zurückkehren.

„Der Erfolg wird uns nicht auf unserem Niveau entgegenkommen. Wir müssen auf das Niveau des Erfolges steigen."
Rev. Randall R. McBride, Jr.

Die Wahrheit

Die Wahrheit leitet dich. Verirrst du dich im Leben oder bist du verwirrt, dann vereinfache dein Leben und such Kontakt zur Wahrheit, denn die Wahrheit wird dich immer frei machen. Wird dir das Leben zu kompliziert ... dann kehre zu deiner Wahrheit zurück.

Was nun die Verschwörungstheorien angeht, interessiert es mich einfach nicht, ob sie stimmen oder nicht. Das Böse ist nie von Dauer. Das geht auch gar nicht. Das Böse ist das Gegenteil vom Leben. Die Geschichte hat eindrücklich belegt, dass Tyrannei sich nie durchsetzt, weil sie nicht in der Wahrheit begründet ist. Es gibt im Universum nur zwei Dinge – Liebe und Angst. Die Liebe ist die Wahrheit und die Angst ist die Unkenntnis der Wahrheit. Böse Menschen sind böse, weil sie Angst haben. Sie kennen die Wahrheit nicht. Denk stets daran, was auch immer geschieht: Am Ende geht immer alles gut (auch wenn es vielleicht etwas länger dauert!).

Gandhi soll das folgendermaßen formuliert haben:

„Wenn ich verzweifelt bin, sage ich mir immer wieder, dass in der Geschichte der Weg der Liebe und der Wahrheit immer wieder gesiegt hat. Es mag Tyrannen und auch Mörder gegeben haben, die, so schien es manchmal, unbesiegbar waren, aber irgendwann wurden sie doch gestürzt. Denk immer daran, immer!"

Man kann deinen Körper foltern, deine Konten plündern und dir deinen Besitz oder sogar dein Leben rauben, aber man kann dir nie die Freiheit deiner Seele nehmen.

Denk immer daran. Du bist frei und wirst es immer sein.

Also lebe auch so.

Macht es dir nichts mehr aus, alles zu verlieren, dann wirst du schließlich alles „erhalten".

Das geschieht, wenn du diese Lektion begriffen hast.

Das Geheimnis besteht darin, nichts mehr zu brauchen. Gierige Leute bekommen nichts, weil sie das, was sie haben, nicht zu schätzen wissen. Das Universum gibt dir alles Nötige, sobald du bereit dafür bist.

Du wirst merken, dass du bereit bist, wenn du dich mit dir so wohlfühlst, dass du nichts mehr brauchst. DANN wird dich das Universum mit allen Gaben des Lebens überhäufen. Das klingt irgendwie komisch. Du erhältst in dem Augenblick alles, in dem du nichts mehr brauchst. Die gleiche dynamische Energie kann man auch bei Beziehungen beobachten. Will jemand zu sehr in deiner Nähe sein, dann vertreibt er dich damit. Scheinst du ihn aber gar nicht zu interessieren, fühlst du dich von ihm oder ihr plötzlich angezogen. Beim Geld und bei allem anderen verhält es sich genauso. Bist du gierig oder verzweifelt, dann stößt du die Dinge von dir weg. Bist du auf niemand anderen mehr angewiesen, dann kommt plötzlich Geld aus allen Richtungen.

Das Geheimnis, lieber Freund, besteht darin, dem Geld NICHT nachzulaufen, weil du es sonst von dir stößt. Werde unabhängig, werde Selbstversorger, hab den Mut, deinem Herzen zu folgen – und für dich und dein Leben wird gesorgt werden.

Beginne damit, indem du deinen inneren Frieden findest und das tust, womit du dich wohlfühlst. DAS IST ABSOLUT NOTWENDIG.

Prüfe vorher aber noch einmal, ob du deine innere Programmierung wirklich einem *Update* unterzogen hast.

Denk daran: Wohlhabende Leute erschaffen das Leben, das sie sich wünschen. Arme Leute halten das Leben für etwas, das ihnen zustößt. Erschaffst du dein Leben oder fühlst du dich ihm ausgeliefert?

Du weißt ja, dass ich ein Romantiker bin. Ich habe früher immer gesagt: „Ach, Geld ist nicht wichtig, nur die Liebe zählt." Und rate mal, was passiert ist – ich hatte Romanzen, aber kein Geld. Also hör mit dieser Selbstgerechtigkeit auf, die behauptet, nur die Liebe zähle und Geld sei ohne jede Bedeutung. Das stimmt natürlich in gewisser Hinsicht, wir beide sagen das nur mit der besten Absicht, aber dabei vergleichen wir natürlich Äpfel mit Birnen. Natürlich kommt es auf die Liebe an. Trotzdem ist auch Geld wichtig.

Es heißt oft, wir sollten auf die Tauschwirtschaft umstellen. Auf lokaler Ebene mag das funktionieren, wenn man aber den Flughafen anruft und sagt: „Ich hätte gern ein Ticket nach Österreich und möchte das mit zwei Ziegen und einem Huhn bezahlen." – dann wird man mit Sicherheit nur hören, wie der Gesprächspartner einfach auflegt.

Nehmen wir einmal an, du willst dir ein neues Auto kaufen. Ich befürchte, dass weder Ford noch BMW dafür zwei Ziegen und ein Huhn akzeptieren werden. Das Gleiche gilt bei deinen Elektrizitätswerken, bei deiner Wasserversorgung, an der Tankstelle oder bei allen anderen Ausgaben in deinem Leben, bei denen große Mengen echtes Geld zum Einsatz kommen. Das sind deine größten Ausgaben. Fazit: DU BRAUCHST GELD.

Lass dieses Hippie-Armuts-Denken am besten augenblicklich hinter dir. Geld ist genauso wichtig wie Liebe. Wenn du in Zukunft jemanden triffst, der dir mit diesem Geld-Liebe-Klischee kommt, schau ihm in die Augen und erinnere ihn daran, dass er pleite ist, dass er dir auf die Nerven geht und dass er endlich leben soll, und zwar MIT Liebe und Geld – und das genießen soll. Geld korrumpiert nämlich nicht, es verstärkt nur das, was du längst bist.

Es gibt ein Lied mit der Zeile: „Die Liebe bezahlt nicht meine Rechnungen." Und das trifft zu.

Achte auf das, was du sagst

Positive Energie zieht an. Negative Energie stößt ab. Sei dir jederzeit bewusst, was du sagst und wie du es sagst, insbesondere, wenn du sarkastisch bist. Dein Unterbewusstes kann nicht zwischen schwarzem Humor und düsterer Welt unterscheiden. Wenn du über etwas Witze machst, ziehst du es an. Das meiste, was wir sagen, ist tendenziell entweder positiv oder negativ. Bemühe dich ganz bewusst, immer positiv zu sein. Das fällt dir zunächst vermutlich schwer, weil man heute so gern sarkastisch ist. Mit Sarkasmus findet man schnell Kontakt zu Fremden. Männer setzen ihn ein, um ein Gespräch zu eröffnen.

Männer sind oft sarkastisch, weil sie Angst vor der Nähe haben, die sie mit Verletzlichkeit verwechseln. Willst du dich in dieser Mentalität suhlen? Ich will, dass du für andere ein Vorbild bist und dabei etwas Klasse zeigst. Es wird dich verblüffen, wie schnell das Universum auf dein neues Ich reagiert und hochwertige Dinge in dein Leben bringt.

Von diesem Augenblick an solltest du dir der Energie bewusst sein, die in allem steckt, was du denkst und sagst. Manche Menschen denken zum Beispiel „Ich will nicht mehr arm sein." sei eine konstruktive Aussage, doch das stimmt nicht. Tatsächlich ist sie negativ. Würde jemand zu dir sagen: „Denk nicht an einen Hund." – was würde da passieren? Du denkst an einen Hund – es geht gar nicht anders. Sagt jemand zu dir: „Denk nicht an deine Rechnungen." – dann denkst du an deine Rechnungen. Das Gehirn beschäftigt sich mit *allem*, was erwähnt wird, ganz ungeachtet des Kontextes eines Satzes. Das ist schon seltsam, es verhält sich wie ein eifersüchtiges, unreifes und paranoides Kind. Wenn du also sagst: „Ich will nicht mehr arm sein.", dann konzentrierst sich dein Gehirn auf die Worte „NICHT" (ein negatives Wort) und „ARM" (ein äußerst negatives Wort). Was immer du denkst, das ziehst du an. Wenn du so denkst, ziehst du also die Armut an. Wenn du sagst: „Ich hoffe, mein Partner wird mich nie betrügen.", dann sendest du ängstliche negative Energie aus und ziehst damit genau das an, was du eigentlich fürchtest. So funktioniert die Natur. Läufst du vor einem Tier davon, rennt es hinter dir her und frisst dich auf. Bleibst du stehen und fragst es: „Na, wie geht es dir?", dann hockt es sich hin und starrt dich an, aber es greift dich nicht an. Du musst lernen, dich in deinem Leben nicht auf die schlimmen Dinge zu konzentrieren, sonst ziehst du sie an.

Von nun an sagst du also nie mehr: *„Ich will nicht mehr arm sein."*, sondern: *„Weißt du was? Ich mache mal einen auf reich. Ich hole mir das, ganz egal, wie."*

Konzentrier dich auf die Lösung und nicht auf das Problem. Auf den Traum und nicht auf den Albtraum. Auf das Ganze, nicht nur auf die Schwierigkeiten.

Richte deine Kraft nicht auf das Problem, sondern auf die schönen Seiten deines neuen Lebens. Verschwende keine Gedanken und keinen Augenblick deines Lebens mehr auf eine negative Sache. Mach dich mit all den guten Seiten des Lebens vertraut. Es gibt keine Probleme, nur Chancen.

Und behalte immer im Auge, dass alles, was du tust oder sagst entweder Erfolg anzieht – oder das, was du nicht willst. Du triffst die Wahl.

Hör endlich auf zu wollen

Weißt du erst einmal, was du willst, dann hör auf zu wollen und hol es dir einfach. Etwas „wollen" bedeutet genau das – wollen. Anders gesagt: Du hast es nicht, also willst du es. Du kannst dein ganzes Leben lang etwas „wollen" und es niemals bekommen. Du musst etwas unternehmen, um es zu erhalten. So dumm das erst einmal klingt, so wahr ist es doch, und es ist der Hauptgrund dafür, dass Leute nichts bekommen – sie sitzen nur herum, wünschen sich etwas und dazu sagt ihnen eine innere Stimme, dass ihre Erwartungen ohnehin unrealistisch sind. Das ist, als würde ein übergewichtiger Glatzkopf von einer schönen Frau träumen. Er sitzt herum, schaut sich Bilder an, aber er spricht keine Frau an, weil er glaubt, er habe ohnehin keine Chance. Er hat sich längst vorverurteilt und damit seine Zukunft festgelegt. Auf der anderen Seite weiß ich gar nicht, wie oft ich schon die heißesten Frauen mit einem Typ am Arm gesehen habe, der wie ein behaarter Pinguin wirkte. Sie kann jeden Mann bekommen, den sie will, und dann kommt sie mit diesem Gartenzwerg daher? Die Leute sagen dann gern, sie wäre nur an seinem Geld interessiert. Vielleicht stimmt das. Aber die Dinge sind oft anders, als sie scheinen. Vielleicht ist sie ja all die glatten und geölten, gutaussehenden Hohlköpfe satt und will nun jemanden, der sie wirklich liebt und bei dem sie sich wohlfühlt?

Es geht um Folgendes: Dieser Kerl, von dem ich sprach, der sein Leben damit zubringt zu „wollen", aber nichts dafür tut, hat sich selbst zum

Versager abgestempelt. Sein Traum wird nie in Erfüllung gehen. Also unterstelle niemandem – auch dir selbst – nichts mehr. Dir ist alles möglich, wenn du nur daran glaubst. Alles.
Was haben wir daraus gelernt? Das Wort „wollen" nicht mehr zu benutzen. Das Gleiche gilt für das Wort „versuchen", denn es drückt nicht aus, dass wir etwas erfolgreich erledigen. Als Luke Skywalker meinte: „Ich werde es versuchen …", antwortete Meister Yoda: „Und deshalb versagst du."
Natürlich wirst du oft versagen oder scheitern. Den Reichen geht es ebenso, aber ihnen macht das nichts aus. Sie wissen, dass man aus Schmerz und Scheitern lernt. Das sind Weckrufe.
Betrachte dich eingehend im Spiegel. Was siehst du? Was fühlst du? Siehst du einen Millionär im Spiegel? Fühlst du dich wie ein Millionär? Wenn du das nicht tust, wirst du nie einer. Du musst in deinem Geiste schon „da sein". Du musst in dieser Frequenz schwingen, du musst es in jeder Zelle deines Körpers spüren. Das ist so, als würdest du die Liebe deines Lebens treffen und auf der Stelle wissen, dass DAS der Mensch ist, mit dem du dein Leben verbringen willst – und das weißt du einfach!

„Soll ich dir die Formel für den Erfolg verraten? Sie ist ziemlich einfach. Verdopple die Rate deines Scheiterns. Du hältst das Scheitern für den Feind des Erfolges. Doch das ist es überhaupt nicht. Du kannst dich durch Scheitern entmutigen lassen oder daraus etwas lernen. Also zieh los und mache deine Fehler. Mache sie alle. Denn genau so findest du deinen Erfolg."
Thomas J. Watson

Das war auch so bei meinen Häusern. Als mich der Makler in seinem Auto mitnahm und das Haus in Sichtweite war, wusste ich sofort, dass DAS mein Haus sein sollte – noch vor der Besichtigung wusste ich es. Auch beim Kauf meiner Autos und bei der ersten Begegnung mit meinen Freunden ... bei allem. Ich spürte es. Das gleicht einem Blick in die Zukunft, ich sehe mich dort mit diesem Menschen, diesem Haus, diesem Auto. Es gibt keine Zweifel, keine Fragen, keine Angst, nur ein Gefühl der Vollständigkeit und Perfektion. So musst du auch über deine Zukunft denken – als Erfolg, worin auch immer. Du darfst es nicht „wollen", du musst es bereits sehen, schmecken und spüren. *Die Zukunft ist so wirklich wie der gegenwärtige Augenblick.* Vergangenheit, Gegenwart und Zukunft sind eins. Du bist JETZT schon dort. Du wartest nicht mehr, du bist längst schon dieser Millionär. Du bist gleichzeitig ruhig und ganz aufgeregt.

> *„Wir sehen die Dinge nicht so, wie sie sind, sondern so, wie wir sind."*
> Anaïs Nin

Du kannst dich aber darüber nicht selbst täuschen. Du kannst auch das Universum nicht täuschen. Es muss für dich wirklich so sein. Ist es nicht so, musst du noch daran arbeiten. Dann glaubt etwas in dir nach wie vor, dass du es nicht verdient hast. Du musst spüren, dass du genauso gut bist wie diese reichen Leute. Du musst zu ihnen gehören. Du musst dir vorstellen, wie du mit ihnen in einem Yachthafen abhängst. „Yachthafen"? Wie fühlt sich das für dich an?
Dachtest du eben: „Puh, so bin ich nicht. Das sind doch alles eingebildete und hochnäsige alte Langweiler. So bin ich definitiv nicht! Nie und nimmer!"
Oder dachtest du: „Ich weiß nicht. Die durchschauen mich doch sofort und merken, dass ich nur ein kleiner Hochstapler bin."

Oder: *„Ich werde nie zu diesen Reichen gehören. Sie sind falsch. Ich möchte ein bodenständiger Kerl im T-Shirt bleiben, der Zeit mit seinen Freunden verbringt."*

Wenn du so etwas gedacht hast, wenn du gefühlt hast, dass du aus irgendeinem Grund nicht zu den Reichen gehörst, dann hast du gerade einen deiner Selbstwert-Parasiten offenbart. Die halten dich davon ab, reich zu werden. Diesen Parasiten trägst du wohl schon seit Langem in dir, er wurde jedes Mal bestärkt, wenn du mit deinen armen Freunden zusammenwarst, die pausenlos über die Reichen redeten. Wisch all das weg. Du MUSST erkennen, dass du es verdienst, reich zu sein – gleichberechtigt mit all den anderen an der Spitze. Du musst ganz ernsthaft dein Selbstbewusstsein stärken. Gab es in deinem Leben Momente, in denen dich andere klein gehalten haben, in denen dir gesagt wurde, du seiest nichts wert? Warum glaubst du, Reiche seien mehr wert als du?

Reiche Menschen sind nicht besser, klüger oder gar anders als du. Sie sind einfach nur reich, das ist alles. Und sie haben kein Problem damit. Du offenbar schon, sonst wärst du längst einer von ihnen.

> *„Erfolg – und zwar in jedem Bereich – hängt stärker von Energie und Motivation ab als vom Verstand. Das erklärt, warum so viele unserer Führer dumm sind."*
>
> Sloan Wilson

Mit wem hängst du so ab?

Das ist ein faszinierendes Thema. Du weißt mittlerweile, dass alles nur Energie und dass Energie ansteckend ist. Umgibst du dich mit positiven, gut gelaunten Menschen, fühlst auch du dich wohl. Lässt du dich aber mit niedergeschlagenen Menschen ein, wirst du selbst depressiv. Das trifft auch auf die Energie von Geld zu. Man sagt oft, das eigene Einkommen sei im Durchschnitt so hoch wie das deiner fünf engsten Freunde. Anders gesagt: Nimm dir die fünf Freunde, mit denen du deine Zeit verbringst, zähl ihr Einkommen zusammen und teil die Summe durch fünf – und du erhältst die Summe, die du verdienst. Das ist schon verblüffend.

Dein Leben wurde von der Energie, den Gedanken und Erwartungen derer geformt, mit denen du deine Zeit verbringst, ob es dir gefällt oder nicht. Mit wem du deine Zeit verbringst (also Energie teilst), beeinflusst dein Einkommen und deinen Grad an Erfolg. Ihre Werte werden zu deinen.

Willst du vermögend und glücklich sein, dann verbring deine Zeit mit vermögenden und glücklichen Menschen. Ich sage es nur ungern, doch es kann durchaus nötig sein, dass du dich von Menschen, die immer nur negativ reden und an ihrer Situation nichts verändern wollen, ein wenig distanzieren musst. Ich bin mir sicher, dass sie eigentlich ganz tolle Menschen sind, aber solche Leute haben nicht dieselben Ziele wie du und werden – bewusst oder unbewusst – alles tun, um dich zum Scheitern zu bringen. Sei nett zu ihnen, aber leb dein eigenes Leben. Das ist weder grausam noch unsensibel, denn das Einzige, was Leute wirklich motiviert, sich zu verändern, ist die Inspiration durch andere, insbesondere durch jemanden, den sie kennen. Du musst ihnen zeigen, dass es machbar ist, sich aus der Armut zu befreien und „es zu schaffen". Du musst ihr Held sein. Der einzige Weg, das zu erreichen, ist, ihnen ein leuchtendes Vorbild zu sein.

Sinke nie auf das Niveau der anderen herab. Inspiriere sie, sich auf deines zu erheben. Und weil wir gerade von der Inspiration sprechen – reiche

Leute haben keinerlei Vorbehalte gegenüber anderen Reichen. Sie lassen sich von ihnen inspirieren, betrachten sie als Vorbild und lernen von ihnen. Arme Leute andererseits sind verbittert, stehen stets in Konkurrenz zueinander und verachten die, die Erfolg haben. Sie machen hinter deren Rücken verächtliche Witze und ahnen nicht, dass das Universum bei all dem genau zuhört. Auf diese Weise vertreiben sie ihren Investor.

„Auf einen Mensch, der den Wohlstand ertragen kann, kommen Hunderte, die das Elend ertragen können."

Elvis Presley

Negativität ist Gift

Ich wiederhole es noch einmal: Negativität ist eine Erkrankung des menschlichen Gehirns. Die meisten Tiere empfinden sie nicht. Es handelt sich um einen furchtbaren Virus. Negativität ist nicht dasselbe wie Sensibilität. Manche Leute halten sie für „realistisch". Ironischerweise wird sie dadurch zu deren Realität. All ihre negativen Gedanken manifestieren sich in ihrem Leben, weil sie sie anziehen. In was auch immer du Gedanken oder Energie steckst, das wird real. Sei also auf der Hut! Dein Geist ist eines der mächtigsten Instrumente unseres Planeten, trotzdem wissen die meisten Menschen nicht damit umzugehen. Es ist fast so, als sitze man in einem Zimmer voller verängstigter Leute, die mit ihren Flinten wild um sich schießen.

Es ist ganz einfach – positive Energie erschafft, negative Energie zerstört.

Hast du Vorurteile gegen die Reichen, dann bleibst du arm. So einfach ist das.

Geht es jemandem besser als dir, gratuliere ihm (ohne im Gegenzug dafür Almosen zu erwarten!). Ärgere dich nicht, wenn andere klüger sind, besser aussehen, reicher oder erfolgreicher sind als du, berühmter oder vermögender. Du solltest ihnen lieber zuwinken. Du weißt doch – all das fällt auf dich zurück! Wie gelingt es dir, nicht mehr neidisch oder ärgerlich auf andere zu sein, sondern dich für sie zu freuen? Die beste Art und Weise, ihnen Glück zu wünschen besteht darin, dass du selbst in deinem Leben etwas findest, dass dich entspannt und bei dem du dich wohlfühlst. Finde etwas, das dir hilft, die etwaigen Belastungen deines Alltags loszulassen, tief durchzuatmen und dich frei zu fühlen. Wenn ich entspannt bin, fühle ich mich wie auf einer Wolke. Ich bin high vom Leben und wünsche allen Menschen viel Glück. Ich spüre, dass wir alle eins sind. Ich feiere MIT allen anderen Menschen das Leben. Es ist schon verblüffend, wie liebevoll und positiv wir sind, wenn wir entspannt sind. Unsere gesamte Sichtweise ändert sich. Die anderen haben sich nicht verändert, nur unser Blick auf sie. Willst du positiv über reiche Leute denken, denk positiv über dich selbst. Und der beste Weg besteht darin, das loszulassen, was dich belastet.

Ballast abwerfen!

Halt dich von negativen Menschen und Situationen so gut wie möglich fern. Sie vergiften dich und rauben dir die Kräfte. Sie meinen es nur gut, sie lieben dich vielleicht sogar, aber wenn sie vom Virus der Negativität befallen sind, dann halt dich fern und achte darauf, was du sagst. Wenn ich zum Beispiel in die Nähe von etwas kam, das gut und profitabel erschien, war ich stets so aufgeregt, dass ich meinen Eltern und Freunden davon erzählte. Darunter gab es auch einige Leute, denen es nicht so gut ging. Ich sagte ihnen, ich würde ihnen finanziell unter die Arme greifen, sobald ich zu Geld kommen würde. Sie reagierten alle gleich – nämlich praktisch gar nicht! Weil eben keiner von ihnen glaubte, dass es jemals soweit kommen könnte. Das war diese Einstellung: „Ich glaube es erst, wenn ich es sehe!" und „Das habe ich schon eine Million Mal gehört ... warum sollte es dieses Mal anders sein?" Das kennen wir alle. Du spürst förmlich, wie diese Negativität den ganzen Spaß und die ganze Aufregung aus der Sache zieht. Du hörst, wie die Musik in deinem Kopf verstummt. Und was passiert dann? Nichts. Kein Geld, kein Deal. Und alle zucken nur mit den Schultern. „Ich hab's doch gleich gewusst" und „Das hab ich dir doch gleich gesagt". Als ich damit aufhörte, änderte sich auf einmal alles.

Übrigens – sei auch dann noch vorsichtig, wenn das Geld schon eingetroffen ist. Diese Leute glauben, sie könnten dann in den Tag hinein leben, und so ist dein Geld so schnell verschwunden, wie du es verdient hast.

GIB ACHT! Erzähl niemandem, wenn du Geld erwartest (oder irgendetwas anderes, was mit Wohlstand zu tun hat). Verbitterte oder negative Menschen werfen es dann energetisch für dich aus dem Fenster. Schenkt dir das Universum etwas, dann bedankst du dich beim Universum, aber du prahlst nicht vor anderen damit, ganz gleich, wie gut deine Absichten auch sind. Willst du teilen und deinen Freunden etwas abgeben, ist das gut – sage ihnen aber nicht, wie du an das Geld gekommen bist. Halte das geheim, weil ich dir garantieren kann, dass ihre Energie jeden weiteren Erfolg sabotieren wird, wenn du das zulässt, weil sie *ungläubig* sind. Das vergiftet deinen Erfolg. Hüte deine Schätze. Das Universum (dein Investor) prüft dich und vertraut dir.

Negative Menschen hängen gern gemeinsam ab, weil sie lästern und sich in Selbstmitleid suhlen wollen. Die Reichen verbringen ihre Zeit lieber mit erfolgreichen, wohlhabenden und energetisch hoch schwingenden Menschen und Situationen. Sie ziehen daraus weitere Kraft und Motivation. Sie gleichen Solarkollektoren, die LICHT sammeln, weil es sich bei positiver Energie um Licht handelt, bei negativer Energie aber um Finsternis. Vermögende Menschen haben eine starke Aura – man erkennt sie in einem Raum sofort, sie geben eine Energie von sich, über die arme Menschen nie verfügen. Sie sind zuversichtlich, mächtig, entspannt und präsent. Sie ziehen Menschen von Natur aus an. Liebe Freunde, es geht immer um Energie. Sie lässt sich nicht vortäuschen. Sie strahlt von innen heraus. Natürlich gibt es auch ein paar schlechte Menschen unter ihnen. Die meisten aber sind nicht so. Man hört deswegen mehr von den schlechten, weil sie einflussreich sind, und deshalb das, was sie tun, mehr Menschen betrifft als bei durchschnittlichen Leuten. Zudem sind das interessante Nachrichten. Den Armen gefällt es, einen Erfolgreichen fallen zu sehen. Sie sind wie Geier – sie fühlen sich dann gut. Es ist auch deshalb eine tolle Nachricht, weil es keinen interessiert, wenn ein Durchschnittshansel erwischt wird. Es ist also nur natürlich.

Eine weitere Eigenschaft der Armen besteht darin, dass sie jede Art der Eigenwerbung verachten, der Werbung generell misstrauen oder der Tatsache, dass man etwas verkauft, skeptisch gegenüberstehen. Sie sagen: *„Das macht er doch nur um des Geldes wegen."* Was soll das?

Reiche fördern. Arme degradieren.

Könnten wir all die Energie, die die Armen tagtäglich darauf verschwenden, andere niederzumachen, in eine Batterie stopfen, wäre das Energieproblem der Welt gelöst!

Reiche suchen Lösungen. Arme suchen Probleme. Es wird immer Herausforderungen geben, ganz gleich, wie gut es dir geht. Der Unterschied besteht darin, wie man mit ihnen umgeht. Reiche betrachten das Problem und denken über eine Lösung nach. Arme Leute jammern und beklagen sich.

Das Ende des Wettbewerbs

Arme stehen ständig im Wettbewerb. Ihr Ego hat sie fest im Griff. Reiche Menschen respektieren einander. Wenn man auf der Autobahn fährt, stellt man schnell fest, dass Menschen aus der

Unter- oder Mittelschicht rasen. Sie wollen dich überholen. Gibst du Gas, geben sie auch Gas. Sie wollen nicht, dass du schneller bist als sie. Es ist auf der Autobahn nicht schwer, das Ego des anderen anzuknipsen. Es ist schon erstaunlich, wie wenig ausreicht, um die Einstellung von jemandem „auf Wettbewerb zu schalten". Sie schneiden dich, verhalten sich wie die Idioten und fahren wie Verrückte, nur um zu zeigen, dass sie besser sind als du. Das macht ihre Einstellung zum und ihre Position im Leben deutlich.

Vor Kurzem fuhr ich auf der Autobahn durch die Mojave-Wüste. Neben mir war ein Rolls Royce, der ebenfalls – wie ich – mit 160 km/h unterwegs war. Er fuhr schnell, schlängelte sich aber nicht wie die anderen von Fahrbahn zu Fahrbahn. Vor uns war ein langsamerer Wagen. Ein Kleinwagen mit röhrendem Auspuff kam von hinten auf uns zugeschossen und zog zwischen uns durch wie eine nervende Fliege und rauschte davon. Der Rolls blinkte elegant, um die Spur zu wechseln, wartete ab und ließ mich vorbeiziehen. Ich gab mit der Lichthupe Bescheid, dass er vor mir die Spur wechseln könne. Er tippte zweimal leicht auf seine die Bremse, um sich zu bedanken, dass ich ihn die Spur wechseln ließ. Das sind solche Unterschiede, die sich nur schwer in Worte fassen lassen. Wir mussten nicht in Wettbewerb zueinander stehen. Wir mussten uns nicht bedroht fühlen. Wir mussten niemandem etwas beweisen. Wir fühlten uns in unserem Leben wohl, folglich verschmolzen unsere beiden Motoren zu einem und das machte uns stärker als zwei miteinander in Wettbewerb stehende Egos. Wie fährst du auf der Autobahn des Lebens?

Das ist der Unterschied zwischen arm und reich.

Die Richtung der Energie

Energie fließt und erschafft Leben, doch in welche Richtung fließt sie? Viele Menschen sind gut darin, Energie AUSZUSENDEN. Sie sind laut, unruhig und müssen ständig Geld ausgeben. Arme Leute sind mächtig laut, sie klopfen sich auf die Brust, sie fahren riesige Pick-ups und aufgedonnerte Karren mit röhrenden Auspuffen. Sie stören dich gern und zeigen dir den Mittelfinger. Das alles ist Energie, die nach AUSSEN geht.

Reiche hören zu. Sie lernen. Sie jagen den Dingen nicht nach, sie lassen sie zu sich kommen. Das Geld kommt zu ihnen, weil die Energie auf sie ZUFLIESST. Sie sind Empfänger.

> „Es gibt keinen Weg zum Wohlstand, Wohlstand ist der Weg."
>
> Wayne Dyer

Ich habe ein interessantes Phänomen bemerkt: Arme mögen keine Almosen. Ich rede hier nicht von den Bettlern auf der Straße, ich spreche von einer durchschnittlichen Familie, die in einem Haus lebt und gerade mal so durchs Leben kommt. Bietest du ihnen Geld an, dann wollen sie es nicht. Sie sagen: „Nein danke, das geht doch nicht!" Sie fühlen sich nicht wohl, wenn sie etwas empfangen.

Würdest du dieselbe Spende einem reichen Mann anbieten, dann würde er, so seltsam das auch klingt, diese annehmen, grinsen und dann lachen.

Du verstehst das – diese kleine Spende ist eine Botschaft des Universums. Sie ist ein Test für dich. Warum sollte das Universum dir viel geben, wenn du schon Schwierigkeiten hast, wenig anzunehmen? Manchmal legt es einen Cent auf den Bürgersteig. Damit prüft es dich.

Betrachte den Cent nicht einfach als Cent. Betrachte ihn als GELD. Er ist nur ein Symbol. Papiergeld ist nur Papier. Das Kupfer in einem Cent ist nicht teurer als das Papier, auf das man 100-Euro-Scheine druckt. Und doch – ob es nun ein Cent ist oder ein Schein – ES IST GELD. Nimm es an. Heb es auf und sag dir: „Danke, liebes Universum, für dieses Zeichen. Ich weiß es zu schätzen!"

Du musst lernen, dankbar anzunehmen. Zuerst wirst du mit kleinen Sachen geprüft, um zu sehen, ob du empfangen kannst. Wenn du ein Konto bei PayPal eröffnest, machen die das Gleiche … sie überweisen dir ein paar Cent, damit dein Konto darauf vorbereitet ist, dass mehr Geld fließt. Dann kann das große Geld kommen.

Denk einmal darüber nach. Du nimmst größte Anstrengungen auf dich, damit du jemand ein Geschenk geben kannst, und derjenige weigert sich, es anzunehmen. Das ist eine Beleidigung! Erinnere dich, was ich zuvor gesagt habe – du musst fähig sein WERTZUSCHÄTZEN. Etwas anzunehmen ist eine Art der Wertschätzung. Das Universum gibt keinem etwas, wenn er es nicht zu schätzen weiß oder nur ungern annimmt. Spiel nicht länger den Märtyrer und fang an zu akzeptieren! Wer dir gibt ist glücklicher, wenn du nimmst und nicht ablehnst. Die Menschen (wie auch das Universum) geben GERN. Beginne damit, anzunehmen. Eröffne einfach ein Konto, um dich darauf vorzubereiten.

„Wenn du es baust, wird er kommen." (siehe dazu auch Seite 41 f. und 87 ff.) *Wenn du anfängst, dich zu bewegen, wird etwas passieren.*

Schmeiß den ganzen Müll aus deiner Wohnung oder aus deinem Haus, um darauf vorbereitet zu sein, dass tolle neue Sachen eintreffen.

Erzeuge ein Vakuum, damit die Sachen auf dich zukommen, um es zu stopfen.

Ist dir jemals aufgefallen, wie schmerzhaft es ist, eine Beziehung zu beenden?

Warum? Weil wir Angst haben – „Was, wenn ich keinen Besseren finde?" „Und wenn ich für den Rest meines Lebens allein bleibe?" Und so weiter. Und doch – was geschieht denn in dem Augenblick, in dem wir eine Lücke erzeugen? Sie wird durch etwas anderes (oder durch jemand anders) gefüllt. So funktioniert Energie. Du musst nur einmal deine Rumpelkammer oder deinen Dachboden betrachten. Das trifft auch auf Geld und alles andere zu. Mach den Weg frei. Bereite dich vor.

Denk daran, ein Teil dieses Reinigungsprozesses besteht darin, deine alten, ängstlichen Denkmuster abzulegen, weil sie die Energie des Vermögens von dir abschirmen, die in dein Leben fließen will.
Fließt sie nicht, dann ist sie irgendwo blockiert.
Du brauchst einen Einlauf!

„Erfolg besteht darin, von Misserfolg zu Misserfolg zu gehen, ohne seine Begeisterung zu verlieren."
Winston Churchill

Übrigens – da wir gerade bei Einläufen (meinem Lieblingsthema) sind: Da alles mit allem verknüpft ist, solltest du mein Buch *Heile dich selbst* lesen und dann deinen Körper reinigen. Du wirst dich wundern, wie klar du im Kopf wirst, wie viel leichter dir Entscheidungen fallen und wie gesund und entspannt sich dein Geist anfühlt. Der moderne Lebensstil ist extrem giftig: Stress, Brot, Zucker, weiterverarbeitete Kohlenhydrate, gekochtes Essen, Transfette, und so ziemlich alles andere auch, was die Leute zu sich nehmen, verstopft Leber und Nieren und erzeugt Plaque im Gehirn, das dann nur noch eingeschränkt arbeitet. Du wirst erstaunt sein, wie sehr deine Negativität nach einer gründlichen Körperreinigung verschwindet. Es ist wissenschaftlich erwiesen, dass ein Gehirn, das nicht ausreichend mit Sauerstoff versorgt wird, gereizt, verärgert und negativ reagiert. Leute mit verstopfter Leber leiden unter Wutanfällen. Das weiß man schon seit Tausenden von Jahren. Menschen mit vergifteten Nieren sind wahre Heulsusen. Alles hängt mit allem zusammen! Es ist sehr wahrscheinlich, dass du dich – indem du einfach deinen Körper reinigst und nur noch gesunde, natürliche Nahrungsmittel zu dir nimmst – so viel besser fühlst, dass diese neue positive Energie dir neue Ideen und Inspiration verschafft, die dir einen Ausweg aus der zerrütteten finanziellen Lage aufzeigen, in der du dich gerade befindest. Ich erhalte regelmäßig E-Mails von Leuten, die mir dafür danken, dass ich ihr Leben verändert habe. Sie sind ganz neue Menschen geworden, die auch völlig neu denken. Und das ist die Grundlage für Wohlstand und Erfolg!

Stress ist eines der größten Gesundheitsprobleme, und Geldprobleme verursachen Stress. Und andersherum genauso. Bekommst du erst einmal einen Teil deines Lebens unter Kontrolle, wird es auch bei den anderen einfacher. Greif also an allen Fronten an. Hast du deine Gesundheit unter Kontrolle und beginnst bereits, jünger zu wirken, dann hast du auch wieder mehr Selbstsicherheit, das schenkt dir die Ruhe und Inspiration, es nun mit deinen Finanzen aufzunehmen. Fühlst du dich gut, dann gelingt dir einfach alles.

Echte Währung

Ein weiterer interessanter Aspekt bei der Richtung der Energie ist der, dass Reiche gemeinhin Sachen kaufen, die im Wert noch steigen, Arme aber Dinge, die an Wert verlieren.

Eine interessante Botschaft auf meinem DVD-Set *FREE FOOD and MEDICINE* liegt darin, dass die WAHRE Währung der Erde nicht das Geld ist, sondern das Saatgut. Aus Samen werden die Früchte, die wir schließlich essen und aus denen wir Medikamente, Kleidung, Bauholz, Macht und Leben anfertigen. Aus Samen werden Pflanzen, aus diesen werden noch mehr Pflanzen, die noch mehr Samen erzeugen, aus den unzählige weitere Pflanzen wachsen, die letztlich unseren gesamten Planeten ernähren, bekleiden, heilen und mit Energie versorgen können. Ohne Samen wären wir längst tot. Die Tiere hätten nichts zu fressen. Es gäbe kein Leben.

Welche Art von Nahrungsmittel nehmen die Armen zu sich? Junkfood. Verarbeitetes, gekochtes und totes Zeug, das in einer Schachtel, in einem Glas, eingeschweißt oder in einer Flasche oder Dose daherkommt. Wenn du das in den Boden pflanzt, wächst daraus nichts mehr – außer Schimmel. Das sind nämlich in Wirklichkeit gar keine Lebensmittel mehr, sondern leere Kalorien, die dir zwar einen raschen Energieschub verschaffen, dann aber in deinem Körper verfaulen. Anders gesagt: Arme Leute nehmen die Nahrungsmittel zu sich, die ihnen eine unmittelbare Befriedigung verschaffen.

Wenn du aber in ein Top-Restaurant gehst, merkst du schnell, dass dort nicht mit tiefgekühlten Nahrungsmitteln gekocht wird. Das Essen sieht oft noch so aus wie in der Natur. Hast du dich schon einmal gefragt, warum die Portionen in einem Luxusrestaurant so viel kleiner sind und dennoch teurer? Die sind doch wirklich teuer, oder? Die Leute, die am längsten leben, essen am wenigsten. Sie stopfen keine schweren Kohlehydrate in sich hinein. Sie essen keine ganze Tüte Kartoffelchips und spülen dann mit einem Liter Bier nach, mampfen dann noch zwanzig Pfannkuchen mit gezuckertem Sirup und einer Beilage mit Würstchen und Speck und anschließend zum Nachtisch einen Schokoriegel oder Eiscreme als Zwischenmahlzeit.

Lebst du erst einmal in einer höheren Schwingung, dann isst du dieses Zeug nicht mehr. Natürlich essen auch viele Reiche so, aber die sterben früh. Es geht darum: Je mehr du dein Leben nach dem Vorbild der Natur ausrichtest, desto besser wird es dir gehen. Arme Menschen schlingen gern Junkfood in sich hinein – das verschafft ihnen eine unmittelbare Befriedigung. Reiche Menschen gehen mit Geld wie mit Saatgut um – der wahren Währung unserer Erde. Sie kaufen Dinge, die ihren Wert vervielfachen wie Saatgut.

Wie steht es mit den Hippies, die so gesund essen? Schon klar – die spirituellen Sucher, die in Einklang mit der Natur leben und unseren Planeten so wenig wie möglich belasten wollen. Sie essen so gesund wie nur möglich – aber sie sind selten reich.

Das wollen sie auch gar nicht sein. Sie fühlen sich bei dem Gedanken unwohl. Viele von ihnen wuchsen in den 1960er-Jahren auf. Damals galt das „System" als durch und durch schlecht. Alles, was irgendwie mit der großen Wirtschaft zu tun hatte, mit den „Männern in Maßanzügen", mit Geld oder einer Regierung galt als von Natur aus korrupt. Die Regierung schickte unschuldige Männer in einen Krieg, damit sie dort andere ebenso unschuldige Menschen ermordeten. Und zu welchem Zweck? Für Öl und Geld. Für Hippies verschmutzt Öl immer und Geld macht korrupt. Damals wurde die Welt immer komplizierter, unübersichtlicher und verwirrender – es war eine ganz verständliche Reaktion, davonzulaufen und zurück zu den Grundsätzen und zur Natur zu gehen.

Das ist nicht falsch.

Außer der mentalen Programmierung, Geld und materielle Güter seien schlecht natürlich. Diese Leute halten Tauschhandel für die einzige Lösung. Aber wie ich bereits sagte: Man kann weder ein neues Auto noch seinen Stromanbieter mit Ziegen und Hühnern bezahlen. Viele „New Age"-Leute leiden unter Geldproblemen – sie können noch so oft sagen, es komme nur auf Liebe und Frieden an, davon aber können sie ihre Rechnungen nicht bezahlen. Daher sind sie frustriert und hegen innerlich Vorbehalte gegen erfolgreiche Leute. Dabei handelt es sich um negative Energie, die all dem widerspricht, was sie predigen. Reiche sind ja weder bösartiger noch schlechter als Arme. Sie besitzen bloß mehr Geld, Freiheit und Macht. Im Grunde will doch jeder die Welt retten; das ist nur schwierig, wenn man völlig pleite ist. Jeder, der anderen die Schuld an seinen Schwierigkeiten in die Schuhe schiebt, leidet unter der Opfermentalität und dem Armutsbewusstsein. Ja, es gibt in der Tat egoistische und schlechte Menschen, aber so ist es halt.

Das Universum kann ohne Ausgewogenheit nicht existieren. Extreme sind nicht von Dauer. Alles muss ausgewogen sein.

Du kannst nicht einfach nur dasitzen und meditieren – du musst tatsächlich etwas TUN. Lebe dein eigenes Leben. Die Uhr tickt.

Um dieses Kapitel zusammenzufassen: Du musst jeden Cent, jeden Euro als einen SAMEN betrachten, der weiteren Samen erzeugt. Du isst nicht alle Samen, obwohl sie gut schmecken, sondern bewahrst einige auf, um sie auszusäen. Das ist der große Unterschied zwischen arm und reich.

Bei Nahrungsmitteln, beim Geld, bei der Gesundheit, bei allem liegt der Schlüssel in der Selbstversorgung. Dafür mache ich (neben der Liebe) die meiste Werbung. Selbstversorgung ist von größter Wichtigkeit. Sie ist *nachhaltig*. Sie bringt Frieden, Zuversicht und bildet die Grundlage, auf der du dein Reich des Wohlstands errichten kannst.

Die Richtung der Energie ist sehr wichtig. Du kannst dein persönliches Energieniveau als Gradmesser verwenden. Unterstützen dich die Menschen in deiner Umgebung, geben sie dir einen Energieschub oder erschöpfen sie dich und saugen dich aus?

Erhältst du Energie durch das, was du tust – oder zapft es dir Energie ab?

Nährt und heilt dich dein Haus oder erschöpft es dich?

Zehrt dein Auto an deinen Finanzen?

Kommt es dir so vor, als wärest du nur damit beschäftigt, ein Leck nach dem anderen zu stopfen?

Mach eine Liste von all den Dingen, die du den lieben langen Tag tust und die dir deine Zeit, deine Kraft und dein Geld abverlangen, und finde heraus, wie du sie loswerden kannst.

Du musst Energie anziehen, statt sie abzugeben.

Raus aus der kleinen, heilen Welt

Falls eine Notlage es nicht unbedingt erforderlich macht, ändern sich die meisten Menschen nie. Unsere gemütliche kleine Welt hält uns gefangen. Aber das wirkliche Leben beginnt da, wo unsere heile Welt endet. Du wächst, indem du deine alte Haut abstreifst und einen Schritt aus deiner heilen Welt heraus machst. Hier liegt ein weiterer großer Unterschied. Arme bleiben gern in ihrer kleinen, heilen Welt. Sie wollen keine Risiken eingehen und sich mit dem umgeben, was ihnen vertraut ist. Das ist völlig in Ordnung, wenn sich für den Rest ihres Lebens nichts mehr verändern soll, wenn sie dann immer noch dieselben Schwierigkeiten, Sorgen und Geldprobleme haben wollen. Bequemlichkeit und Gewohnheit lähmen die Menschen und halten sie arm. Das bedeutet nun nicht, dass es den Reichen an Bequemlichkeit mangelt. Aber sie haben ihre Chancen genutzt, sie sind aus ihrem warmen Schlafsack auf dem Campingplatz geschlüpft und durch die Eiseskälte gerannt ... hinein in das Luxushotel, das zwei Kilometer entfernt am Ende der Straße lag.

Wenn das, was du gerade machst, nicht zu dem Ergebnis führt, das du für dich haben willst, dann musst du etwas anderes tun, vielleicht sogar etwas, was du noch nie zuvor gemacht hast. Jetzt hast du Angst. Du musst dann die Grenzen überschreiten, innerhalb derer du dich wohlfühlst. Danach kommt Neuland. Aber nur so kannst du wachsen. Du musst neue Sachen ausprobieren. Du scheiterst vielleicht ein paarmal, bis es klappt, wenn du aber nie einen Fuß vor den anderen setzt und zu laufen beginnst, kommst du nirgends hin. Wer laufen lernt, stolpert. Wer laufen kann, kann auch rennen. Hör endlich auf, darauf zu warten, dass dir alles wie durch Zauberhand in den Schoß fällt und begegne neuen Menschen. Reiß dich von deiner Couch los und fürchte dich nicht vor dem Scheitern. Darum geht es beim Lernen und Wachsen. So komisch das klingt, aber die Reichen fühlen sich nicht wohl, wenn sie es allzu lange zu bequem haben. Ständig juckt es sie, immer wollen sie etwas Neues ausprobieren und neues, unbekanntes (und unbequemes) Terrain betreten.

> „Letztendlich misst man einen Menschen nicht daran, wie er sich verhält, wenn es ihm gutgeht, sondern daran, was er in herausfordernden und umstrittenen Zeiten tut."
>
> Martin Luther King Jr.

Es ist ganz einfach – willst du wirklich dein ganzes restliches Leben darüber nachdenken, wie es gewesen wäre, wenn ... Oder willst du es jetzt wirklich herausfinden?

Das eine bedeutet, vor sich hinzuvegetieren, das andere: zu leben!

Manchmal gewinnst du, manchmal verlierst du. Aber wenn du lange genug bei der Stange bleibst, gewinnst du schließlich öfter als du verlierst. Dieses Muster findest du bei reichen Leuten: Sie machen Geld, sie verlieren alles wieder ... sie machen Geld, verlieren es, machen Geld, verlieren es ... machen Geld, machen Geld, machen Geld. Sie lernen aus ihren Fehlern und stoßen schließlich auf die Siegerformel, die bei ihnen funktioniert. Das wird nicht passieren, wenn du nur dasitzt und abwartest.

> „Entmutigung und Scheitern gehören zu den beiden sichersten Trittsteinen zum Erfolg."
>
> Dale Carnegie

Mach den Weg frei für den Erfolg

Könnte man dieses Buch in einem einfachen Satz zusammenfassen, dann in diesem. *Mach den Weg frei für den Erfolg!* Denk stets daran: Die Wahrheit ist einfach. Man muss nicht über sie nachdenken, man muss sie nur akzeptieren. Wirkt etwas zu kompliziert, dann nur weg damit – solche Dinge haben keine klare Identität und rauben dir nur wertvolle Lebenszeit.

Das Geheimnis von JEDER Art von Erfolg, Wohlstand, Freiheit oder Errungenschaft und so weiter liegt darin, alles loszuwerden, was ihm oder ihr im Weg steht.

So einfach ist das.

Mach den Weg frei für den Erfolg.

Was steht ihm denn gewöhnlich im Weg?

- Deine Gedanken,
- die Gedanken und Ansichten anderer Leute,
- deine Ängste,
- die Ängste der anderen,
- deine oder eure Vergangenheit,
- die vorgefasste Meinung, wie etwas ist oder zu sein hat,
- Bewertungen,
- mangelnde Motivation (eine Art Angst, die das Leben verstopft),
- ein zugemülltes Haus,
- eine zugemüllte Beziehung,
- zugemüllte Finanzen,
- der Besitz zu vieler Dinge,
- zu viele Pflichten,
- zu viele Rechnungen,
- ein zugemüllter Körper,
- Negativität von Freunden, Familie und Medien,
- Pessimismus,
- schlechte Erfahrungen in der Vergangenheit,

- Vorbehalte, Abneigungen und Neid,
- sich selbst mit anderen zu vergleichen.

Diese Liste kannst du so lange weiterführen, wie du willst.
Je mehr dieser Dinge du aus dem Weg räumst, desto mehr machst du den Weg frei. Der Erfolg ist ja schon da. Er muss nicht erst noch geschaffen werden. Du musst ihn nur noch in dein Leben lassen. Also reiß die Haustür auf und mach, putz deine Wohnung und entrümple sie, damit der Erfolg diese Lücke füllen kann. LASS EINFACH ZU, dass er in dein Leben kommt. Sei höflich und schenk schon einmal einen Begrüßungsdrink ein. Behandle den Erfolg, als wäre er ein Superreicher, der zu Besuch kommt und deine Gedanken lesen kann. Wenn du der Erfolg wärst – würdest du dann gern bei dir einziehen? Oder bist du viel zu miesepetrig? Jemand, der sich selbst klein hält? Würdest du gern mit dir zusammenarbeiten? Würdest du in dich investieren? Oder lässt du dich viel zu schnell ablenken? Der Erfolg liebt die, die sich nicht ablenken lassen – alle, die sich voll konzentrieren und von ihren Leistungen besessen sind. Jemanden, der für eine Sache brennt und damit alle ansteckt, die ihm begegnen.

Die Menschen wollen sich einfach nur wohlfühlen. Sie wollen die positive Energie spüren. Hast du sie? Mit solchen Leuten verbringt der Erfolg gern seine Zeit. Geh dem Erfolg nicht auf die Nerven.

Lernen und wachsen

Energie ist ständig in Bewegung, verändert sich und fließt. Sie ist nie zweimal dieselbe. Das wissen erfolgreiche Menschen, sie schwimmen im Flow des Lebens. Sie bilden sich ständig weiter, lernen und passen sich an neue Zeiten an. Sie schauen sich die an, die noch reicher sind als sie. Das ist eines der Grundgesetze der Natur: Pass dich an oder stirb! Die Armen denken, sie wüssten bereits alles. Reiche bilden sich immer weiter. Wenn die Armen aber so überaus clever sind – warum sind sie dann nicht längst schon reich? Wenn du mit armen Menschen redest, dann rechtfertigen sie sich praktisch ununterbrochen. Reiche Menschen haben keinen Anlass, sich zu rechtfertigen.

Arme haben „keine Zeit".
Reiche schaffen sich Zeit.
Wer die Zeit nicht nutzt, den bestraft das Leben.
Wer lernt, der wächst – und auch sein Einkommen wächst!

Jetzt werden viele sagen: „Aber das weiß ich doch längst." Natürlich weißt du das. Wir alles wissen es tief in unserem Inneren. Ich frage dich also: „Warum bin ich dann noch nicht reich?" Die Antwort liegt darin, dass du es entweder nicht glaubst, irgendeinen wichtigen Teil davon nicht verstanden hast oder alles auf übermorgen verschiebst, weil du mit deinem derzeitigen Leben gerade zu beschäftigt bist ... oder du hast dich dazu entschlossen, dich dort wohlzufühlen, wo du jetzt bist und unbewusst die Entscheidung gefällt, daran nichts zu ändern. Das ist in Ordnung.

DAS SIND DIE REICHEN

Nach all den Lektionen ist es jetzt an der Zeit, praktische Erfahrungen zu sammeln. Eine der besten Möglichkeiten, dich davon zu überzeugen, dass das, was du hier liest, auch stimmt, und die Art und Weise zu verändern, wie du über Wohlstand und Vermögen denkst, besteht darin, ein paar der Reichen und Wohlhabenden tatsächlich zu treffen – einen von denen, die es wirklich geschafft haben. Ich werde dir nun drei meiner einflussreichsten Freunde vorstellen. Sie alle haben mit nichts angefangen und sind heute superreich. Sie kennen die einflussreichsten und vermögensten Menschen auf der Erde. Ich habe sie darum gebeten, dir ihre innersten Geheimnisse zu offenbaren. Ich habe genau diese drei ausgesucht, weil jeder von ihnen einzigartig ist und sie aus ganz verschiedenen Verhältnissen kommen. Du wirst aber schnell ihren gemeinsamen Nenner herausfinden. Denk beim Lesen daran, dass DU einer von ihnen sein könntest. Spürst du, dass du nicht ihre Kragenweite hast oder nicht so vermögend sein kannst oder nicht so frei bist, das zu tun, was du willst, oder dass es nicht richtig ist, so viel Geld zu besitzen – dann solltest du dieses Buch noch einmal ganz von vorn lesen!

Ohne weitere Umschweife stelle ich dir jetzt die Welt der Superreichen vor. Ich treffe dich dann am Schluss des Buches wieder, um dir noch ein paar abschließende Worte mit auf den Weg zu geben.

Marshall Sylver

Als Marshall vor einigen Jahren zum ersten Mal durch meine Tür trat, strahlte er Macht aus. Er gehört zu den selbstsichersten Leuten, die mir je begegnet sind. Er wusste offensichtlich ganz genau, was er mit seinem Leben anstellte. Und doch ist er ein ganz realistischer Mensch. Als ich mit ihm sprach, schenkte er mir seine ganze Aufmerksamkeit. Er war nicht „zu beschäftigt", wie all die anderen Leute, die wie panisch um mich herumrannten, weil sie zu viele Pflichten hatten. Marshall ist echt. Er lebt in einer Art Palast in Las Vegas, ihm gehört zudem das größte Haus am Strand von San Diego. Ich weiß das, denn ich war in beiden schon zu Gast. Er hat die Insel von Richard Branson gemietet, nur um dort ein Familientreffen auszurichten. Wie viele Leute können das schon von sich sagen? Natürlich besitzt er auch einen Rolls Royce. Es ist bekannt, dass er oft den Menschen hilft, denen es nicht so gutgeht wie ihm. Er ist echt. Willst du eine Erfolgsgeschichte lesen? Hier ist sie. Was nun folgt, sind zwei Kapitel aus Büchern, die Marshall geschrieben hat, und die er mir freundlicherweise zum Abdruck zur Verfügung stellte.

Ob auf der Bühne oder im Aufsichtsrat, Marshall Sylver unterstützt Menschen darin, ihre größten Träume zu verwirklichen. Seinen dramatischen Bühnen- und Fernsehshows verdankt er den Titel „Größter Hypnotiseur aller Zeiten". Zunehmend ist er aber auch als Unternehmensberater gefragt – bei den amerikanischen Top-500-Unternehmen, die sich für sein Programm zur persönlichen Entwicklung interessieren, das „unbewusste Neuprogrammieren". Marshall zeigt den Menschen, wie sie erfolgreich im Geschäft sind, indem sie ihren inneren „Antrieb" meistern, der ihre Gewohnheiten erzeugt. „Die meisten Menschen reagieren ständig auf Ideen darüber, wer sie sind oder eben nicht wären, und was sie tun oder nicht tun könnten." Seit er als Kind die Selbsthypnose anwendete, um sich von seiner Schlaflosigkeit zu kurieren, ist Marshall davon überzeugt, dass Hypnose die Qualität des Lebens und der Kommunikation verbessern kann. Du kannst dir auf www.sylver.com Videos dazu ansehen, wie meisterhaft Marshall hypnotisiert, und dort auch mehr über seine dynamischen Seminare erfahren.

Teil I – Reich denken
Wie man sein „inneres Vermögen" freisetzt
Denken wie ein Millionär
von Marshall Sylver

„Glaubst du, dass du ein Millionär werden kannst? Dass es tausend Möglichkeiten gibt, Millionär zu werden? Vermutlich glaubst du das. Wenn das möglich ist, dann ist der einzige Grund, warum du noch kein Millionär bist – du selbst!

Ich will dir dabei helfen, dich völlig umzukrempeln, damit du lernst, auf die Art und Weise Vermögen zu schaffen, wie Millionäre es tun. Wenn du das machst, verdienst du haufenweise Geld – du kannst es gar nicht mehr aufhalten, dass immer mehr Geld in dein Leben fließt!

Reiche Leute denken anders als arme. Ich spreche jetzt nicht von den Reichen, die jede Woche siebzig bis achtzig Stunden schuften, um

1 Million Euro oder mehr im Jahr zu verdienen, und dabei ihre Familie, ihre Gesundheit und ihr Wohlbefinden opfern – und alles nur für den schnöden Mammon. Ich spreche von denen, die ihr Geld fröhlich verdienen. Wäre das nicht wunderbar – Spaß haben und dabei reich werden?

Dazu können die richtigen finanziellen Gewohnheiten beitragen. In meinen Seminaren lehre ich eine von mir entwickelte Technik, die „Neuropsychische Verdoppelung". Mit einfachen Worten bedeutet das: Wenn man so denkt, wie erfolgreiche Menschen denken, und das tut, was sie tun, wird man selbst erfolgreich. Das ist ganz einfach, erfordert aber Disziplin. Wenn du so denkst wie ein schlanker, durchtrainierter Mensch und genau das tust, was er tut, dann wirst du ebenfalls schlank und fit.

Es gibt kein verborgenes „Schlankheitsgen". Und das trifft auch auf die finanziellen Gewohnheiten zu, die dich reich machen können.

Ich definiere das so: Wer nicht leicht und fröhlich 1 Million Euro pro Jahr verdient, ist ein Bettelmann. Wenn du dich unwohl fühlst, wenn du das hörst, oder sogar wütend wirst, bin ich froh. Denn diese Reaktion kann dich dazu bringen, deine Gewohnheiten und Aktivitäten so zu ändern, dass du schließlich nicht mehr mit dem Geld kämpfen musst. Ich höre schon, wie du sagst: „Ja, Marshall, du hast leicht reden, du fährst einen Rolls Royce und besitzt einen Privatjet. Du weißt doch gar nicht, wie es ist, wenn man aus seiner Wohnung fliegt, weil man die Miete nicht mehr zahlen kann."

Aber ich weiß tatsächlich, wie das ist. Deswegen bin ich, wenn es um Reichtum geht, auch der ideale Lehrer. Ich wuchs auf einer Farm in Michigan auf, auf der es kein fließend Wasser, keinen Strom und häufig wenig, manchmal nichts zu essen gab. Nachdem meine erste Unterkunft abgerissen worden war, kam ich in einem umgebauten Hühnerstall unter.

Aufgrund meiner bescheidenen Herkunft habe ich eine besondere Sichtweise. Mit sieben Jahren begriff ich, dass wir die ärmste Familie in unserem Dorf waren. Jeder besaß mehr als unsere Familie, viele

Familien verdienten sogar sehr viel Geld. Dabei waren sie nicht klüger oder kreativer als wir oder arbeiteten härter oder sahen besser aus. Sie machten es nur anders. Sie hatten andere Überzeugungen, was das Leben anbelangt, und sie handelten anders. Und worin lag der größte Unterschied? Sie konzentrierten sich darauf, Geld zu verdienen; sie klammerten sich nicht daran fest, weil sie Angst vor dem Unbekannten hatten.

Würde man das gesamte Geld der Welt gleichmäßig an alle Menschen verteilen, dann wäre spätestens nach fünf Jahren alles wieder wie zuvor. Warum? Die Leute, die wissen, wie man Geld verdient, würden weiter Geld verdienen, und die hart arbeitenden, positiven, motivierten und intelligenten Menschen wären nach wie vor arm, und das aus demselben Grund – aufgrund ihrer Gewohnheiten.

Sprechen wir jetzt darüber, wie du die Gewohnheiten ändern kannst, die dich arm halten, und wie du die „Millionärs-Einstellung" einnehmen kannst, die dein Leben verändern und dich reich machen wird. Der Schriftsteller F. Scott Fitzgerald meinte einmal: „Die Reichen sind anders als du und ich." Ich sehe vor allem drei große Unterschiede:

Unterschied Nummer 1: Millionäre arbeiten nie für den Mindestlohn.
Solange du deinen Tag damit zubringst, Mindestlohn-Arbeiten zu verrichten, kannst du niemals ein Millionär werden. Bringst du selbst den Müll raus? Machst den Hof sauber? Wäschst du deine Wäsche selbst? Wenn du eine dieser Fragen mit „Ja" beantwortest, dann bist du solch ein Mindestlohn-Arbeiter. Wenn du jedes Jahr 1 Million Euro oder mehr verdienen willst, dann musst du zuerst begreifen, dass es sich bei Geld um reine Mathematik handelt. Wenn du nämlich all das tust, ob fröhlich oder nicht, dann verrichtest du diese Arbeit – eine 40-Stunden-Woche und das fünfzig Wochen pro Jahr – für einen Stundenlohn in Höhe von 500 Euro. Und das alles macht ein Millionär nicht selbst.

Überleg dir, welche Mindestlohn-Arbeiten du aus deinem Leben verbannen kannst. Finde heraus, wo du dein Leben effizienter gestalten kannst. Und dann handle.

Diskutierst du zum Beispiel zwei Stunden lang mit deinem Handyanbieter, weil er dir 10 Euro zu viel berechnet hat? Wenn du das tust, wirst du nie zum Millionär. Selbst wenn du Erfolg hast, bringst du es in dieser Diskussion immer noch auf einen Stundenlohn von genau 5 Euro. Jetzt sagst du: „Dabei geht es doch ums Prinzip!" Doch hier lautet das Prinzip: Du kämpfst dich so durch, aber du solltest nicht kämpfen. Würde ein Millionär jeden Abend zwei Stunden Kabelfernsehen schauen? Wohl nicht – es sei denn, ihm gehört der Sender! Ein Millionär fragt sich ununterbrochen: „Wie kann ich meine Zeit am besten und am lukrativsten nutzen?"

Abraham Lincoln erklärte, wenn man eine Stunde Zeit zur Verfügung hätte, um einen Baum zu fällen, solle man vierzig Minuten davon darauf verwenden, die Axt zu schleifen. Du könntest den Baum auch mit einer stumpfen Klinge fällen. Der Baum ist dann wohl nach einer Stunde durch, aber deine Hände schmerzen und sind voller Blasen. Einen zweiten Baum schaffst du so nicht mehr. Wenn du aber vierzig Minuten drauf verwendest, die Klinge zu schärfen, dann fällst du den Baum in den nächsten zwanzig Minuten ganz leicht und ohne Mühe. Weil du die Axt geschärft und somit schon von Anfang an das Grundsätzliche erledigt hast, kannst du danach den nächsten Baum fällen, dann wieder den nächsten, und so weiter.

Die Lektion, die du hier lernst, besteht darin, auf unmittelbare Befriedigung zu verzichten. Das schafft langfristig Vermögen. Arbeitest du vierzig, fünfzig oder sogar sechzig Stunden pro Woche und kommst abends müde und schlapp nach Hause, dann kannst du dir kein Kabelfernsehen leisten. Ich rede gar nicht über die monatlichen Gebühren – du hast die zwei Stunden nicht, weil du in dieser Zeit besser deine Axt schleifen solltest.

Zunächst fühlst du dich dabei nicht wohl, aber denk immer an das Prinzip: Geld ist Mathematik. Du hast genauso viele Stunden am Tag zur Verfügung wie ein Millionär oder Milliardär, die aber wissen, wie sie ihre Zeit und ihre Ressourcen ideal einsetzen. Folgst du ihnen, musst du deine Haut und Zeit nicht länger für ein paar Euro zu Markte tragen.

Die Medien nennen mich den „Größten Hypnotiseur aller Zeiten". Was ich mache, ist aber keine Zauberei, es geht um die Einstellung. Du wurdest – wie ich auch – wohl von Eltern erzogen, die sich ein besseres Leben wünschten, dich aber nicht auf eine Art und Weise motivierten, die dich erfolgreich machte. Als ich aufwuchs, sagte mir meine Mutter oft: „Marshall, arbeite hart, dann kommst du voran." Sie meinte es nur gut, aber diese Einstellung hat mich jahrelang behindert. Sie war ein Engel, zog – praktisch auf sich allein gestellt – zehn Kinder groß und hatte drei Arbeitsstellen, damit sie uns genug Essen kaufen konnte, aber ihre einzige Vorstellung, wie sie an mehr Geld kommen könnte, lag darin, eine Stunde weniger zu schlafen, damit sie eine Stunde länger arbeiten konnte.

Jahrelang habe ich meine wertvolle Zeit für viel zu wenig Geld verschwendet. Ich fragte mich ständig: „Wie kann ich noch mehr arbeiten?" Ich kämpfte mich stetig durch, bis ich eines Tages, ich war damals Anfang zwanzig, wie ein Wilder hinter dem Polster meiner Couch nach verschollenen Münzen stöberte, um mir ein Päckchen Käse-Makkaroni zu kaufen. Ich war Hausmeister in dem Appartementkomplex, in dem ich selbst auch wohnte, hatte aber gerade die Kündigung erhalten, weil ich nicht einmal meine eigene reduzierte Miete bezahlen konnte. Da begriff ich, dass ich alle diese Armuts-Gedanken aus meinem Kopf verbannen musste, weil sie mich gefangen hielten. Ich fragte mich nun: „Wie kann ich mein Vermögen vermehren?" Als ich das tat, erkannte ich einen zweiten großen Unterschied zwischen Millionären und Bettelmännern:

Unterschied Nummer 2: Millionäre verbessern den Wert ihrer Zeit.
Was hat wohl mehr Wert: ein Moped oder ein Rolls Royce? Natürlich ein Rolls Royce – es sei denn, dein Haus steht auf einem Berg und es führen nur Ziegenpfade dorthin. Es kann also durchaus sein, dass ein Moped von größerem Wert ist. Damit will ich Folgendes sagen: Was etwas kostet, hat nichts damit zu tun, was es wert ist. Das ist nur der Preis, den andere dafür zu zahlen gewillt sind.

Du erhältst deinen Lohn im Leben je nach dem Wert, den du damit für andere erzeugst. Man muss nur einmal all die neuen Dienstleistungen und Dienstleistungsprodukte betrachten, die es vor zwanzig, zehn oder selbst vor fünf Jahren noch nicht gab. Hätte man damals geglaubt, dass jemand einmal einen „Tiersitter" bezahlt, der auf dein Haustier aufpasst, während du in den Urlaub fährst? Hättest du denn je gedacht, dass du 5 Euro für eine Tasse Kaffee, 1 Euro für eine Flasche Wasser bezahlst oder einen „Hightech-Mopp" benutzt, um aufzuwischen? Wie oft schon hast du im Fernsehen oder in einem Laden Werbung für ein Produkt gesehen und dir gedacht: „Hätte ich das doch nur erfunden! Wie viel Zeit man damit spart!" Mit ganz gewöhnlichen – oder auch ganz ausgefallenen Ideen – kannst du etwas erschaffen, was für andere von Wert ist.

Um Vermögen zu schaffen, musst du den Wert deiner Zeit verbessern, damit andere sie dir bezahlen. Wie geht das? Gib mehr als das, worum du selbst bittest. Denk daran, dass all jene, die den Wert von dem erhalten, was du erschaffst, auch seinen Preis festlegen. Wenn du jeden Cent, den du hast, ausgegeben hättest, um damit dieses Buch zu kaufen – dann war es das wert, wenn es dich dazu inspiriert, die Sache anzugehen und 1 Milliarde zu verdienen.

Unterschied Nummer 3: Millionäre fragen: „Wie viel Geld kann ich aus dieser Chance ziehen?"
Als Millionär weiß ich, dass ich Risiken eingehen muss, um Vermögen zu erzeugen. Ich muss mein Geld, meine Reputation und mein Talent zur Verfügung stellen. Millionäre sehen immer ihren Vorteil und nur selten einen Nachteil. Wenn ich für etwas 1 Million bezahle, damit aber eineinhalb Millionen verdiene, dann war es ein Geschäft und hat mich nichts gekostet.

Bettelmänner denken immer nur an die Kosten. Sie haben ganz begrenzte Ansichten davon, was möglich ist. Wie viel Überzeugung und Durchhaltevermögen bist du willens, in dein eigenes Geschäft zu stecken?

Die Stärke deiner Überzeugung bedingt dein Durchhaltevermögen. Als Unternehmer musst du vorangehen, ohne die richtige Richtung zu kennen – und hast dabei oft Angst. Jeder andere hat bereits aufgegeben, aber du hast die Energie und das Selbstvertrauen, um weiterzumachen. Du verstehst deine Kunden, weil du hart daran gearbeitet hast, sie zu verstehen. Du bist dir deines Ziels sicher, deshalb folgen dir die anderen, weil sie an deinem festen Glauben und deinem Abenteuergeist teilhaben wollen, der sie inspiriert. Du musst allerdings andere anführen und sie davon überzeugen, dass sie deiner Vision folgen. Das erfordert drei Fertigkeiten:

Fertigkeit Nummer 1: Gedanken und Gefühle unter Kontrolle haben
Du hast bestimmt eine genaue Vorstellung davon, wie vermögende Menschen – Sportler, Entertainer und Grundstücksmakler – jedes Jahr fröhlich Millionen von Euro verdienen. Aus zwei Gründen also bist du heute noch nicht da, wo du hinwillst. Entweder du weißt nicht, wie du dort hinkommen sollst, oder – wenn du es weißt – du schaffst es nicht, dich von der Couch zu erheben und regelmäßig etwas dafür zu tun.
Willst du abnehmen? Nach vielen Untersuchungen, wissenschaftlichen Forschungsprojekten, Tausenden von Fallstudien und Menschen, die erfolgreich ihr Körperfett verloren haben, das sie als Zusatzgewicht mit sich herumschleppten, hat man endlich die Formel gefunden, die immer funktioniert: weniger Essen, mehr Bewegung!
Willst du auf ganz natürliche Weise mehr Geld? Derselbe Grundsatz gilt auch hier: weniger arbeiten, mehr Wert!
Was wäre, wenn dich dein tägliches Leben glücklich machen würde? Was, wenn dein Denken dir Vermögen und finanzielle Sicherheit einbrächte? In diesem Kapitel fängst du an, wie ein Millionär zu denken – auch wenn das Geld noch nicht auf deinem Konto eingegangen ist.

Fertigkeit Nummer 2: Das richtige Instrumentarium einsetzen
Die meisten großen Unternehmen begannen damit, dass jemand eine Idee hatte, wie man eine bessere Mausefalle baut. Verhilf einer tollen

Idee zum Durchbruch oder hab selbst eine – darauf kommt es nicht an. Finde heraus, wie ein Unternehmen besser funktioniert, das ist dein Weg zum Reichtum.

Es ist von enormer Bedeutung, dass du lernst, wie du deine Idee vermarkten kannst. Wie man ein Unternehmen effektiv leitet, ist sogar so wichtig, dass ich diesem Thema praktisch das gesamte nächste Kapitel widme. Hast du nämlich die richtigen Werkzeuge in der Hand, dann begreifst du, wie andere reich geworden sind, und setzt die Werkzeuge für dich selbst ein.

Fertigkeit Nummer 3: Im gegenwärtigen Augenblick handeln
Wann? Jetzt! „Morgen" kommt nie. Was du heute nicht erledigst, wirst du vermutlich nie schaffen. Wenn du so bist wie so ziemlich alle anderen, dann machst du am Morgen Sport oder gar nicht, weil dich später der Tag mit all seinen Geschäften und Ablenkungen so sehr in Anspruch nimmt. Das ist nicht gut, denn eigentlich sollte das, was dich fit und gesund hält, die höchste Priorität haben, nicht die geringste. Tu mir einen Gefallen und umkreise oben das Wort „handeln".

Kein Risiko, keine Belohnung. Millionäre wissen, dass sie manchmal „ganz schnell nach vorn scheitern" müssen, um reich zu werden. Sie wissen, dass nicht jeder Samen auf fruchtbaren Boden fällt – das ist ein Teil des Spiels.

Wenn du schon mal Monopoly gespielt hast, weißt du, dass es dabei eine Strategie gibt, mit der man gewinnen kann: Man kauft jedes Grundstück, auf das man kommt. Wenn du das tust, bist du mitten im Spiel pleite. Es wirkt dann so, als würden die anderen, die mehr Geld haben als du, gewinnen. Willst du gewinnen, musst du nun Hypotheken auf deinen Besitz aufnehmen, das bringt dir häufig nur die Hälfte des Kaufpreises und dazu noch jede Menge zu zahlender Zinsen ein. Wenn dann aber jeder andere keinen Besitz mehr kaufen kann, dann machst du das große Geld, weil es sich bei deinem Besitz nun um Kapital handelt, das Einkommen hervorbringt. Verfährst du nach dieser Strategie, kannst du nur gewinnen.

So denkt ein Millionär mit der richtigen Einstellung. Man sieht oft, wie sich Bettelmänner auf den Aktienmarkt, auf Immobilien oder Geschäftsideen stürzen, und zwar zu genau dem Zeitpunkt, da Millionäre ihren Profit einstreichen und vor ihm oder vor ihnen flüchten. Kauf billig und verkauf teuer. Kauf dann, wenn alle anderen verkaufen. Verhilf der Kreativität der anderen zum Durchbruch. Du wirst zum Hirten, wenn du das genaue Gegenteil der Schafe machst.

Ich erinnere mich an die Zeit, als ich hinter der Couch nach Geld suchte, um mir eine Packung Käse-Makkaroni zu kaufen. Damals sagte ich laut: „Ich will anders leben." Dann begann ich, meine Bettelmann-Gedanken unter Kontrolle zu bringen.

Um erfolgreich zu sein, musste ich zuerst diese beiden Bettelmann-Gedanken besiegen:

„Mit den Reichen stimmt irgendetwas nicht. Sie verdienen ihr Geld so leicht und ich so schwer."

Millionäre machen, was ihnen Spaß macht, sie machen es oft und werden damit von Mal zu Mal besser. Ich habe zum Beispiel immer Spaß daran gehabt, auf einer Bühne zu stehen, zu performen und anderen mitzuteilen, was ich gelernt hatte. Bin ich ein guter Performer, weil es mir Spaß macht – oder macht mir das Performen Spaß, weil ich gut darin bin? Darauf kommt es nicht an, solange es Spaß macht und ich das tue, was mir am Herzen liegt und was mich glücklich macht. Das zu tun, was einem Freude macht, ist allerdings nicht immer einfach. Erfolg hat man auch nicht einmal und dann bleibt er. Ich bin stets auf der Suche nach neuen Informationen und zusätzlichem Wissen, damit ich meinem Publikum mehr Wert bieten kann.

„Versuch mir nichts zu verkaufen. Dabei kann ich nur verlieren."

Bettelmänner haben Angst davor, in ihren Traum zu investieren. Millionäre wissen, dass umso mehr Geld für alle da ist, je mehr Geld fließt. Nach dem 11. September 2001 gab die amerikanische Regierung ihren trauernden Bürgern endlich einmal einen richtigen Rat: Unsere Wirtschaft ist gefährdet. Wenn ihr helfen wollt, dann geht raus und kauft euren Kindern die Kleider, die ihr längst schon kaufen wolltet. Zieht los und kauft ein neues Auto. Kauft etwas für euer Haus. Warum? Solange Geld fließt, ist eine Wirtschaft gesund. Das ist dieselbe Dynamik wie bei deinen persönlichen Finanzen. Um das finanzielle Bewusstsein und die Fülle zu stärken, muss man dort säen, wo es wachsen kann. Mein guter Freund, der Investor und Bestseller-Autor Robert Kiyosaki, meint, man solle immer in sein Einkommen investieren – und so Kapital erzeugen. Wenn Bettelmänner das hören, antworten sie: „Ich investiere höchstens in Immobilien, da kann ich sofort etwas verdienen." Aber Robert ist anderer Ansicht.

Kapital, das Einkommen schafft, kann alles Mögliche sein. Ich gebe dir ein Beispiel:

Einer meiner Schüler, Jerry Arrola, besaß eine Wasserfabrik. Er verkaufte sie profitabel und setzte sich dann zur Ruhe. Seit seinem Militärdienst mochte er Hubschrauber, also kaufte er sich einen und schon bald darauf den nächsten ... und wieder einen ... bis seine Frau meinte, er solle sich kein weiteres „Spielzeug" mehr kaufen, er verschwende damit nur Geld. Statt nun seine Hubschrauber wieder loszuwerden, sagte sich Jerry, der wie ein Millionär denkt: „Dann verdiene ich mit meinen Spielsachen eben Geld." Jetzt gehört ihm *Silver State Helicopters*, die größte Hubschrauber-Ausbildungsstätte der Welt in Nevada, mit Niederlassungen in 15 amerikanischen Bundesstaaten, und er verdient damit über 100 Millionen Dollar im Jahr. Er kaufte sich, was ihm Spaß machte, und dann machte er daraus Kapital, das Einkommen vermehrt.

Millionäre denken anders: Wir kaufen, was wir wollen und finden dann heraus, wie wir das zu Geld machen können. Diese Botschaft will ich dir mit auf den Weg geben. Klammerst du dich zu sehr an dein gegenwärtiges Kapital?

Wenn du dein Geschick, Risiken einzugehen, vergrößerst, erhältst du mehr zurück. Der große Eishockeyspieler Wayne Gretzky drückte es so aus: „Bei jedem Schuss, den du nicht machst, triffst du auch nicht."

Vor Kurzem hatte ich das Vergnügen, mit dem „Rebellenmilliardär" Richard Branson zu Abend zu essen. Er ist der Gründer der *Virgin Airlines*. Er hatte die Entscheidung zu treffen, seine Fluglinie für eine halbe Milliarde Dollar zu verkaufen – und nutzte das Geld, um damit neue Unternehmen zu gründen, darunter auch eines, das Flüge in den Weltraum anbietet.

Wenn ich dich heute frage: „Was würde ein Millionär in meiner Lage tun? Würde er zwei Stunden damit verschwenden, sich um eine Handyrechnung zu streiten? Würde er gestresst sein, weil er keine Gehaltserhöhung bekommt?" Nein! Er würde seinen Chef fragen: „Wie kann ich denn mit Ihnen ins Geschäft kommen?" oder besser noch: „Wie kann ich mein eigenes Unternehmen kaufen oder eines gründen?" Es ist höchste Zeit, dass du den Millionär in dir entfesselst.

(aus: *What Would a Billionaire Do?* von Marshall Sylver. Copyright angemeldet. Abdruck mit Genehmigung von Marshall Sylver. Für die Weiterverwendung kontaktiere bitte *www.sylver.com*)

Teil 2 — Reich denken
Wie du deinen „inneren" Reichtum entfesselst
Lerne die Gewohnheiten eines Millionärs
von Marshall Sylver

Immobilien machen dich nicht reich, das Internet druckt kein Geld und der Aktienmarkt macht dich ebenfalls nicht reich. Du selbst machst dich reich. Genauer gesagt: Deine Gewohnheiten machen dich reich. Daran führt kein Weg vorbei. Deine Gewohnheiten verhelfen dir entweder zum Erfolg oder sie brechen dir das Genick. Entweder hast du Disziplin – oder du bereust es.

Sämtliche glücklichen, gesunden und reichen Leute entwickeln und meistern die folgenden fünf persönlichen Schlüsselgewohnheiten:

1. Spirituelle Gesundheit
2. Work-Life-Balance
3. Prioritätenmanagement
4. Große Visionen
5. Planung

Ich betone aus einem bestimmten Grund besonders „glücklich und gesund". Ich würde nie daran denken, dir beizubringen, wie man zu Geld kommt, wenn ich dir nicht im gleichen Augenblick auch zeigen würde, wie man das Fundament errichtet, um das erworbene Vermögen dann auch zu genießen. Erlerne und meistere diese Millionärs-Gewohnheiten und du kannst Kapital aus den vermögensbildenden Maßnahmen ziehen, die ich in diesem Buch beschreibe. Tust du das nicht – dann bereust du es später und wünschst dir, du hättest es doch getan!

Betrachten wir nun die erste erfolgreiche Gewohnheit, die wahre Grundlage jedes Vermögens.

1. Spirituelle Gesundheit
Wenn du denkst, die Armen hätten es schwer, versuch einmal, ohne Spiritualität reich zu sein. Spirituelle Gesundheit besteht darin, zu begreifen, dass einem alles Geld der Welt nicht glücklich macht. Kannst du dich selbst nicht ausstehen, wenn du arm bist, dann wird das als Reicher genauso sein. Geld macht das sogar noch schlimmer.

Deshalb musst du eine spirituelle Lehre finden, die dich erfüllt. Findest du Reichtum, aber keinen inneren Frieden, dann steuerst du auf eine Katastrophe zu. Geld kann zu Paranoia führen, dazu, dass du dich von jenen entfernst, die du liebst, es kann in der Sucht enden. Dein Vermögen gibt dir mehr als genug Geld, um dich mit gefährlichen Sachen wie Drogen, Alkohol, Gier und Schlimmerem zu umgeben. Wappnest du dich mit einer spirituellen Disziplin, kannst du jeden Tag effektiv arbeiten, damit du dich selbst liebst und frei bist, um gute Taten zu vollbringen. Es gibt weder richtig noch falsch, du musst nur mit den Folgen leben.

Spirituelle Gesundheit beginnt mit dem Wissen, dass die Höhe deines Bankkontos nichts über deinen Wert aussagt. Wenn du dich selbst annehmen kannst – mit oder ohne Geld –, dann wirst du schlauere Entscheidungen treffen und in emotionalen Stürmen nicht verloren gehen. Wenn du ein erfolgreiches Unternehmen aufbaust, wirst du immer auch Rückschläge erleben. Der Weg wird rau und uneben, das kann ich dir jetzt schon garantieren. Wenn du aber spirituell gesund bist, bist du dir deiner Identität sicher und wirst bereitwilliger kalkulierte Risiken eingehen, die schließlich die Grundlage jeder Vermögensbildung sind.

Spirituelle Gesundheit schenkt dir einen klaren Geist und Freude, ohne dass du dir Sorgen über die Zukunft machst. Sie verleiht dir auch eine starke moralische Grundlage für deinen Reichtum. Hast du dich je gefragt, warum die Reichen immer reicher werden? Weil sie im Geiste dankbar sind; sie sind für das dankbar, was sie besitzen. Dieser Geist der Dankbarkeit lässt sie jeden Tag nach dem Ausschau halten, was funktioniert. Wir finden immer das, was wir suchen. Das, worauf wir uns konzentrieren, wächst. Diese Einstellung ermöglicht es dir, immer mit dem zurechtzukommen, was in deinem Leben auftaucht. Du findest es dann nicht nur nützlich, sondern sogar perfekt.

2. Work-Life-Balance

Ich würde es nie wagen, dich zu lehren, wie man zu Reichtum kommt, ohne dir vorher zu sagen, wie man den Ausgleich schafft. Geld ohne Ausgleich oder Balance ist der sicherste und schnellste Weg in den Abgrund.

Du musst unbedingt eine mentale, physische, beziehungsmäßige und schließlich auch finanzielle Balance erreichen und dann halten. Stimmen deine Prioritäten, dann fließt dir Reichtum ganz einfach zu. Du bist glücklicher und arbeitest effektiver.

Achte auf meine Reihenfolge: mentale, physische, beziehungsmäßige und schließlich finanzielle Balance. Die meisten Menschen machen das in umgekehrter Reihenfolge.

Balance beginnt mit guter mentaler Gesundheit, sonst kannst du den Kampf auf dem Weg zu deinem Vermögen nie gewinnen. Wenn du auf deine geistige „Nahrung" achtest, formst du deine Fähigkeit zum Erfolg. Wie Junkfood deinen Körper lähmt, so lähmt „geistiges Junkfood" deinen Geist. Millionäre und erfolgreiche Unternehmer achten sehr genau auf das, was sie lesen. Die meisten lesen sehr sorgfältig die Biografien von Menschen, die vor ihnen erfolgreich waren. Andererseits lesen sie nicht jeden Tag die Zeitung, weil die meisten Nachrichten aufgebauscht werden, der Rest ist Klatsch. Beschränke dich auf positiven, erbaulichen und lehrreichen Lesestoff.

Da deine Gedanken deine Emotionen erschaffen, bedeutet die Kontrolle deiner Gedanken automatisch, dass du nun bewusst antworten kannst, anstatt einfach nur zu reagieren. Tatsächlich werden aus deinem Bedarf nun deine Wünsche. Das ermöglicht dir, das zu tun, was am effektivsten ist, statt instinktiv zu reagieren, weil du glaubst, man hätte dir unrecht getan. Weil du Rechte zu haben glaubtest, konnte man dir Unrecht zufügen. In der Welt des Geldverdienens wird man dich aber oft verletzen, weil die anderen Hunde ebenfalls an ihren Knochen kommen wollen. Akzeptiere die Tatsache, dass es im Geschäftsleben nicht immer fair zugeht. Hast du das erst einmal akzeptiert, dann bist du emotional nicht mehr so geladen, wenn du merkst, dass dich jemand übervorteilt hat. Du lernst nur deine Lektion und machst dann weiter.

Balance bedeutet zudem zu begreifen, dass die Zeit, die du mit deiner Familie verbringst, in der du deiner Gemeinde hilfst oder die du mit einer „höheren Macht" verbringst, essenziell wichtig ist, damit du nicht nur Vermögen anhäufst, sondern damit auch zufrieden bist.

Ich reise viel und habe verstanden, dass mein wertvollstes Kapital meine Zeit ist, und zwar nicht nur in Bezug auf die Vermögensbildung, sondern auch, weil mir sonst die Zeit fehlt, die ich für meinen inneren Ausgleich brauche. Aus diesem Grunde habe ich schon seit Langem keinen Linienflug mehr gebucht. Für jede Reise brauche ich mindestens dreieinhalb Stunden, um zu einem großen Flughafen zu kommen – ich nutze stattdessen einen der 5000 Regionalflughäfen, die selten weiter als 15 Minuten entfernt liegen. Früher musste ich mein Auto parken, mich zu den Hunderten, manchmal Tausenden anderen Reisenden in die Schlange stellen, durch den Sicherheitscheck gehen, dann zum *Gate* kommen und dafür beten, dass mein Flugzeug diesmal pünktlich landet. Wenn ich dann endlich ausgestiegen war, musste ich bei der Gepäckausgabe wieder warten – das konnte bis zu 45 oder 60 Minuten dauern, dann erst konnte ich mein wirkliches Ziel ansteuern. Auf dem Heimweg wiederholte sich diese Prozedur noch einmal! Das ergaben zusätzlich zur Reisezeit weitere sieben Stunden!

Indem ich privat fliege, brauche ich heute nur noch sieben Minuten von meinem Zuhause zum nächsten Flughafen. Ich fahre mit dem Auto bis zu meinem Jet, mein Pilot holt mein Gepäck aus meinem Kofferraum und ich gehe an Bord. Bei Start und Landung habe ich mein Tischchen heruntergeklappt – nur weil ich das darf! Man reicht mir mein Lieblingsgetränk, dann bin ich innerhalb von 15 Minuten, nachdem ich meine Wohnung verlassen habe, bereits auf dem Flug zu meinem Zielort. Wenn ich lande, verhält es sich genauso. Muss ich zweimal in einer Woche reisen, dann habe ich 14 zusätzliche Stunden, um meine Balance zu halten und meine Produktivität zu verbessern. Kannst du dir vorstellen, wie viel Inspiration du daraus ziehst, wenn du nicht mehr mit einer kommerziellen *Airline* fliegen musst? Auch die Gewohnheit, um die es im nächsten Kapitel geht, brachte mich dazu, meine Work-Life-Balance zu verbessern.

3. Prioritätenmanagement
Wenn du immer arbeitest und doch nicht vorankommst, dann machst du die falschen Sachen zuerst. Millionäre arbeiten mit einer „Das Schlimmste zuerst"-Liste; sie erledigen also zuerst die Sachen, die andere in der Regel vor sich her schieben, obwohl sie eigentlich als erstes erledigt werden müssten. Erinnere dich: Millionäre verdienen fröhlich 1.000.000 Euro im Jahr. Menschen, die weniger verdienen, sind ständig beschäftigt und gestresst, erschaffen dabei aber nicht die Werte für sich, die sie gern hätten. Man darf niemals Aktionismus für Leistung halten.

In meinem *Millionaire Mentorship Program* bringe ich meinen Schülern bei, wie sie Prioritäten setzen können. Das Prioritätenmanagement zeigt dir, wie du dein Leben im Gleichgewicht hältst, damit du weder deine Gesundheit noch deine Beziehungen gefährdest. Man kann Zeit nicht beeinflussen, man kann nur seine Prioritäten setzen. Ich erkläre meinen Schülern, dass sie ihren Tag im Voraus zur maximalen Produktivität strukturieren sollen, und dass sie das zuerst erledigen sollen, was die höchste Priorität hat. Haben sie am Abend dann keine Zeit mehr, dann ist das, was nicht erledigt wurde, von untergeordneter Bedeutung.

Prioritätenmanagement ist zudem der Schlüssel, der das kreative Denken erschließt, das Vermögen bildet. Im Gegensatz zu dem, was manche glauben, ereignet sich Kreativität nicht in einem einzigen, schöpferischen Akt. Es handelt sich dabei vielmehr um einen disziplinierten Prozess, der deshalb erfolgreich ist, weil er auf ein bestimmtes Ergebnis fokussiert ist.

Kreative Menschen, die reich werden, erledigen mehr in weniger Zeit, weil sie ihre Dinge in geplanter und effektiver Reihenfolge angehen. Sie konzentrieren sich darauf, etwas Neues oder Innovatives zu schaffen. Ich spreche da aus eigener Erfahrung. Ich kann am besten kreativ sein, wenn ich mein Work-out absolviert habe. Dann ist mein Endorphin-Level hoch. Ich bin voller Selbstvertrauen, weil ich mir selbst etwas Gutes getan habe. Deshalb plane ich nach dem Morgensport eine Stunde ein, in der ich mich nur auf meine Kreativität konzentriere. Ich schalte mein Handy ab, schließe meine E-Mail und sage jedem, der mich unterbrechen will, dass ich mich gerade auf ein kreatives Projekt konzentriere und in einer Stunde auf sie zurückkommen werde.

Probier das einmal 21 Tage lang, das Ergebnis wird dich überraschen.

4. Große Visionen

Tu, was dir Spaß macht, das Geld wird folgen: Konzentrier dich darauf, bei irgendetwas der Beste zu sein, dann wird es immer einen Markt für dich und deine Dienste geben.

Diese Lektion hilft dir dabei, über die Herausforderungen hinaus zu schauen und in großem Maßstab zu denken. Kleine Pläne entsprechen kleiner Motivation. Die Menschen, die sich Reichtum schaffen, sind genauso wie du, mit einer einzigen Ausnahme – sie haben eine klarere Vision. Und sie sind hinsichtlich ihrer Zukunft voller Freude und positiver Aufregung. Sie wissen im Voraus, welches das erwünschte Ergebnis ist und wie sie es erreichen. Sie sind zudem voller Zuversicht, dass ihre Pläne erfolgreich sein werden. Dadurch, dass sie sich bei dem, was sie tun, und bei der Richtung, die sie einschlagen, völlig sicher sind, können sie besser mit den unausweichlichen Herausforderungen auf dem Weg umgehen und diese sogar als spannend wahrnehmen.

Die Relativitätstheorie wurde nicht einfach auf einer Tafel errechnet. Albert Einstein stellte sich vor, wie es wäre, wenn er auf einem Lichtstrahl durchs Weltall reiste. Walt Disney sprach vom *imagineering*, also von bildlicher Vorstellungskraft und wie man diese in die Welt bringt, wenn er über seine Träume redete. Ein erfolgreicher Bauunternehmer sieht nicht ein Stück unerschlossenes und staubiges Land, er sieht ein tolles Gebäude oder Wohnbauprojekt und wie die Leute sich darum streiten, dort eine Wohnung kaufen zu dürfen. Große Visionen bestehen aus der Fähigkeit, die Dinge zu sehen, bevor sie sich ereignet haben. Millionäre reden eigentlich immer im Futur. Sie reden über Projekte, als seien sie längst fertiggestellt, weil es in ihrem Kopf schon so weit ist. Ich nenne diesen Prozess des Projizierens die „unternehmerische Übertreibung". Der Unternehmer lügt nicht, sondern glaubt mit Herz und Seele daran, dass das, was er erreichen will, längst schon erreicht ist. Er tut das, was die Grundlage allen erfolgreichen Handelns ist – er projiziert in die Zukunft. Zeig mir jemanden, der genau weiß, wo er hinwill, und ich garantiere dir, dass die anderem ihm folgen werden.

5. Planung
Worin liegt der Unterschied zwischen einem Menschen, dessen Träume immer Träume bleiben und einem, der sie in die Tat umsetzt? Planung. In meinen Seminaren bringe ich den Leuten bei, ab sofort das Wort „Ziel" nicht mehr zu gebrauchen. Da dein unbewusster Computer (dein Geist) immer nur genau das macht, was du ihm sagst, ist es ein großer Unterschied, ob du auf ein Ziel aus bist oder einen Plan ausführst. Dann musst du nicht mehr jeden einzelnen Schritt kennen, um anzufangen. Was immer du dir in diesem Augenblick vorstellst, was auch immer du in diesem Moment willst – dir stehen bereits einige der Elemente zur Verfügung. Unternimm den ersten Schritt, dann wird auch der zweite klarer.

Schreib deine Vision auf. Schnapp dir einen Stift und ein Blatt Papier und beschreibe deinen perfekten Arbeitstag vom Aufwachen bis zum Schlafengehen. Mit wem wirst du sprechen? Wer gehört zu deinem Team? Wie viel Geld wirst du durch das, was du tust, verdienen? Wie viel Spaß wird es dir machen?

Wenn du so vorgehst, dann unternimmst du den ersten Schritt, dein geistiges Bild in die Wirklichkeit umzusetzen. Und danach kannst du deinen Plan in kleine, jeweils einfach zu erledigende Schritte unterteilen.

Die Grundlagen des Planens lauten:
Plane groß. Kleine Pläne inspirieren nicht. Große Pläne erfüllen dich mit Leidenschaft. Die meisten Menschen halten lieber den Ball flach – und erzielen daher nur minimale Ergebnisse. John D. Rockefeller sagte: „Spiel mit Pennies und du verdienst Pennies. Spiel mit Dollars und du verdienst Dollars." Im schlimmsten Fall verwirklichst du nur einen Teil deines Plans. Du wolltest zum Milliardär werden, aber hast es nur bis zum Multimillionär geschafft! Du armer Kerl!

Unterteile in kleinere Einheiten. Kleine, verdauliche Happen. Auch wenn gerade nicht alles läuft – manches wird schon gehen. Ein unbeirrter und sicherer Marsch durch deinen Plan wird dich weiterbringen, als

du glaubst. An einem bestimmten Punkt erreichst du die kritische Masse, dann bilden die einzelnen Abschnitte, die du längst erledigt hast, plötzlich ein Ganzes. Wenn du etwas in seiner Gesamtheit betrachtest, kann das ziemlich einschüchternd wirken. Spürst du, dass eine Aufgabe eine Nummer zu groß für dich ist, dann frag dich (du kannst diese Frage an deinem Arbeitsplatz aufstellen, damit du sie immer wieder betrachten kannst, wenn du feststeckst):
„Welche mächtige, produktive und positive Sache bringt mich dem näher, woran ich gerade arbeite? Mach es gleich!"

Handlung versus Ergebnis. Wenn man ein Spiel beginnt, muss man dazu entschlossen sein, es zu gewinnen. Liste auf, was du tun willst, nicht was du erreichen willst. Zehn potenzielle Kunden in einer Stunde anzurufen ist eine Entscheidung für eine Handlung, drei neue Vertragsabschlüsse sind eine Entscheidung für ein Ergebnis. Du musst nicht 10 Pfund abnehmen, sondern jeden Tag ins Sportstudio gehen. Das Fett verschwindet, sobald du handelst. Handelst du unbeirrt, stark und produktiv, und zwar genau jetzt, dann bringt dich das dem, was du willst, kontinuierlich näher.

Persönliche Veränderungen. Was hält dich davon ab, das zu bekommen, was du willst? Was du bist, entscheidet in jedem Fall über das, was du bekommst. Etwas, was du tust, und zwar immer wieder tust, halt dich davon ab, das Leben zu führen, das du verdienst. Welche deiner Gewohnheiten steht dir im Weg? Verzögerungstaktik? Selbstzufriedenheit? Stolz? Ego? Erstell deine persönliche Liste und dann einen Plan, wie du diese Dinge verändern willst. Klappt das nicht, dann steckst du mitten in einer Verweigerung. Wahrhaft effektive Millionäre und Milliardäre haben kein Problem damit, dir zu sagen, was sie ändern müssen, um effektiver zu werden. Das nennt man „Selbsterkenntnis". Erkenne dich selbst und der nötige Wandel wird offensichtlich.

Lies jeden Tag deinen Plan. Lass es zur Obsession werden. Häng überall, wohin du auch blickst, Bilder, Zeichnungen und Erinnerungszettel auf, damit du selbst das wirst, was du planst: erfolgreich. Schmecke den Plan, sieh ihn, fühle ihn. Lass ihn für dich wirklich werden, noch bevor die Welt ihn für möglich hält. Tu so „als ob" er schon erfüllt wäre – dann ziehst du die Menschen an, die du brauchst, um ihn zur Wirklichkeit werden zu lassen.

Millionäre und Milliardäre nähren ihren Geist ununterbrochen mit gesunden Informationen. Wie jeden Muskel muss man auch den Geist trainieren, oder er stirbt ab. Durch Lesen kann man diesen „Geistmuskel" stimulieren, weil du dabei aktiv werden musst und nicht passiv bleiben kannst. Wenn du jeden Tag liest, verbessert das auch deine Kommunikationsfähigkeiten. Du vergrößerst nicht nur deinen Wortschatz, du liest auch Biografien der erfolgreichen Menschen, die zum Teil aufgrund ihrer Kommunikationsfähigkeiten reich geworden sind. Große Geschäftsmänner wie etwa Richard Branson oder Mark Cuban oder andere Millionäre oder Milliardäre sind oft auch talentierte Kommunikatoren. Der reichste Mensch der Welt, Bill Gates, ist deshalb so reich, weil es ihm so unglaublich leichtfällt, anderen seine Ideen, seine Kreativität und seine Motivation mitzuteilen, damit die anderen mehr werden, als sie zu sein glaubten.

Kommunikation ist gleich Reichtum. Die Qualität unseres Lebens entspricht der Qualität unserer Kommunikation, sowohl nach innen wie nach außen.

Du musst die Entscheidung treffen, ob du weiterkommen willst oder festgefahren bleibst. In dem Film *Die Verurteilten* erklärt Andy Dufresne: „Mach dich endlich daran zu leben oder beschäftige dich weiter damit, zu sterben." Was wirst du tun? Wirst du dich heute dazu verpflichten, die Gewohnheiten der Reichen, die ich in diesem Kapitel beschrieben habe, zu meistern und dann anzuwenden? In Wahrheit hast du dich als Bettelmann nie wohlgefühlt, weil es sich dabei nicht um deinen natürlichen Zustand handelt. Du bist ein Millionär. Das Geld ist zwar noch nicht auf deinem Konto, und doch bist du es. Warte nicht darauf, dass die Welt es dir bestätigt, du kennst deine Seele am besten. Ob es ein besseres Auto ist, ein größeres Haus, ein besserer Lebensstil – hast du dein Leben einmal erweitert, wird es sich nicht mehr schmälern. Hast du dich erst einmal daran gewöhnt, effektiver, einflussreicher und leidenschaftlicher zu leben, dann – das verspreche ich dir – wirst du dir dein altes Leben nicht mehr herbeisehnen. Du wirst lachen und sagen: „Warum habe ich so lange damit gezögert?"

Ich schaue aus dem Fenster meines Privatjets und freue mich darauf, dich aus dem Fenster deines Privatjets zurückwinken zu sehen.

(aus: *A Wallet Once Expanded* von Marshall Sylver. Copyright angemeldet. Abdruck mit Genehmigung von Marshall Sylver. Für die Weiterverwendung kontaktiere bitte *www.sylver.com*)

Swami Ramananda Maharaj

Wenn du denkst, dass Reichtum und Spiritualität nicht zusammenpassen, solltest du einmal Swami Ramananda Maharaj treffen. Er wohnt nicht weit von mir entfernt. Er kennt die reichsten Menschen der Welt persönlich. Man lässt ihn mit Privatjets zur englischen Königsfamilie einfliegen und er ist für einige der einflussreichsten Menschen auf der Welt als spiritueller Berater tätig. Man überhäuft ihn mit Geld, das er – in der Art der *Swamis* – nach Indien weiterleitet, um dort Waisenkindern und anderen Notleidenden zu helfen.

Ich habe ihn gebeten, einige seiner Einsichten mit uns zu teilen. Und das sind seine Worte:

„Wenn ich in dem von mir geleiteten Ruhezentrum im *Caesar's Palace* (in Las Vegas) mit Leuten wie Elton John, Cher oder Bette Midler arbeite, dann rede ich mit diesen Menschen immer darüber, wie sie ihr Leben nachhaltiger gestalten können. Betrachtet man Vermögen aus unserer Perspektive, muss man einfach akzeptieren, dass alles, was in uns fließt, eine Göttin ist, die wir achten sollten. Betrachtet man das aus diesem Blickwinkel heraus, dann ändert sich die Art und Weise, wie man mit Geld umgeht, und es verändert die Sicht auf den Wohlstand. Schließlich betrachtet man sein Leben aus dem Blickwinkel der Nachhaltigkeit. Deshalb akzeptiert die hinduistische Tradition dieses Konzept – dass es in Ordnung ist, reich zu sein, dass es in Ordnung ist, nachhaltig zu sein.

Viele Leute kommen zu mir und wollen wissen, wie sie ihr Leben verbessern können, wie sie wohlhabend werden können, wie sie sich in ihrem eigenen Leben eine nachhaltigere Lage verschaffen können. Wir fangen beim Geist an, mit Yoga, mit Meditation, mit einer positiveren geistigen Einstellung. Man muss jeden Tag beim Aufstehen nicht als erstes CNN einschalten, auf Facebook gehen oder zu Starbucks rennen. Als erstes streckst du dich und atmest, dann bringst du dich in einen positiven, empfänglichen Geisteszustand. Bist du empfänglich, kannst du um Wohlstand bitten. Und du kannst dein Haus einer Feng-Shui-Behandlung unterziehen, um Wohlstand anzuziehen. Ich kenne jede Menge Menschen, die in einer schwierigen wirtschaftlichen Lage sind. Einige Leute haben ihr gesamtes Vermögen verloren und wir fangen ganz von vorn an ... wir schauen uns an, wo sie wohnen, wir betrachten ihren Lebensstil, ich sehe mir ihre geistige Einstellung sehr genau an, dann beginnt sich alles zu ändern. Ich finde es fantastisch, all diese Erfolgsgeschichten zu sehen. Ich traf Leute, deren Unternehmen praktisch vor dem Ruin standen, wir unternahmen die nötigen Veränderungen und brachten die positive Energie ins Spiel und sie verdienten in zwei Wochen 25 Millionen. Für sie war das ein Wunder.

Diese Menschen erzeugen eine unfassbare Menge an Reichtum, und dieser Reichtum wird für Krankenhäuser, Waisenheime und die Ausbildung Unterprivilegierter eingesetzt. Es ist daher wichtig, diesen Menschen beizubringen, wie sie diese Energie, das Prana, ihre Lebenskraft einsetzen. Das fasziniert mich, denn auf diese Weise kann ich mit Menschen arbeiten und mit ihnen meine langen Jahre des Wissens, des

Studierens und der Informationen teilen ... in Indien, China, Thailand, Sri Lanka, überall auf der Welt ... Ich habe die letzten fünfzig Jahre und etwas mehr damit zugebracht, dass ich unterwegs war und von jedem großen Meister lernte, der willens war, mich zu unterrichten. Es geht darum, unser Leben zu bereichern, es nachhaltiger und spiritueller zu gestalten – man nimmt sein Vermögen und macht es spirituell, man nimmt seine Gesundheit und macht sie spirituell.

Kennt man die Leute besser, findet man ganz oben die Ultrareichen... Mit ihnen habe ich bei Benefizprogrammen zusammengearbeitet. Ich sitze im Aufsichtsrat von einigen Wohltätigkeitsorganisationen – von Blindenschulen und Schulen für Gehörlose. Allein in Indien bin ich für 1200 Waisen zuständig. Und die Reichen kommen zu mir und helfen mir dabei. Ihre Herzen verstehen, was ich da versuche. Sie fühlen, dass sie das Geld haben, weil es ihnen von Gott gegeben wurde, um damit Gutes zu tun. Die Vorstellung, alle Reichen seien schlechte Menschen oder alle Leute mit Vermögen seien egoistisch, ist also völlig lächerlich. Würde man das wirklich glauben, dann würde keine einzige Wohltätigkeitsorganisation Spenden erhalten, dann gäbe es keine Stipendien. Das Geld dafür stammt von den Reichen. Viele Veranstaltungsorte, in denen sich Menschen treffen können, wie etwa Konzertsäle oder Opernhäuser, das Ballett ... wurden zu unserer Bereicherung erbaut. Man muss daher den Reichtum als eine Chance begreifen. Du erhältst plötzlich die Chance, all das zu tun, von dem du dein ganzes Leben lang geträumt hast – und zwar nicht nur für dich und deine Familie, sondern auch für andere. Wohlstand ist die Chance und die Kraft und die Zuversicht, dass sich Geld in der Form manifestieren kann, wie du es willst. Damit der Wohlstand auch in dein Haus kommt, musst du ihn einladen, etwa durch Feng Shui (oder die indische Version Vastu). Und du brauchst die richtige Einstellung.

Diese wohlhabenden und vermögenden CEOs, die Führer dieser Organisationen, wissen alles über diese Energie und wie sie ihre Energie positiv halten.

Es gibt ein Gebet, dass ich einmal in Indien betete. Es war in einem Kloster, und mein Kopf war gerade geschoren worden. Das war der erste Schritt dazu, das zu werden, was ich heute bin. Ich erinnere mich, wie ich auf die Knie fiel und zu Gott sprach: „Alles, was ich bin, und alles, was ich habe ... gehört dir, um es auf Erden einzusetzen." In dem Augenblick, in dem ich dieses Gebet sprach, prasselte das Geld nur so auf mich herab wie ein Wasserfall. Im Alter von 35 Jahren war ich bereits Millionär. Für mich war das die ideale Gelegenheit, in die Welt zu gehen und zu geben, zu geben und nochmals zu geben. Wenn du aus dieser Welt scheidest – wie sieht es dann auf deinem spirituellen Konto aus? Dein spirituelles Konto weist alles auf, was du je gegeben hast ... aber man kann nichts spenden, wenn man selbst nichts besitzt. Deshalb sollte man Nachhaltigkeit und Fülle im Leben freudig akzeptieren, um diese Welt zu einem besseren Ort zu machen. Für mich ist das einer der wichtigsten Schlüssel zu einem gesunden, erfolgreichen, glücklichen und erfüllten Leben auf der Erde.

Wir sind alle Verwalter des Reichtums. Besitzen wir denn wirklich etwas in dieser Welt? Wir kommen nackt auf die Welt und nackt verlassen wir sie wieder. Wir alle können nichts mitnehmen. Denk nur an die großen ägyptischen Pharaonen, die mit all ihrem Gold begraben wurden. Nichts ist ihnen geblieben, alles wurde ihnen genommen. Es gibt keine Möglichkeit, die Dinge dieser Welt festzuhalten. Sie aber durch deine Hände gehen zu lassen und bei dem, was dir so reich geschenkt wurde, ein guter Verwalter zu sein ... genau darin liegt der Unterschied.

Zuerst musst du dein eigenes Leben verbessern, bevor du das Leben von anderen verbessern kannst. Es ist von größter Bedeutung, dass du gut auf dich achtest. Es geht nicht darum, dass du dich selbst verleugnest. Es ist wichtig, dass du den Reichtum einlässt. Tue Gutes für dich selbst und für deine Familie, dann tue den anderen etwas Gutes. Genau darin besteht das Gleichgewicht des Lebens. Namaste."

Swami Ramananda Maharaj

Autor von *Bliss Now!* (New York: SelectBooks 2010) und *From India with Love* (Hawaii: Petroglpyph Books 2007); www.swamiramananda.com

Richard Helfrich

Als ich Richard 1989 traf, leitete er eine Filmgesellschaft und hatte die letzten fünf Jahre damit zugebracht, sein Herz so neu zu strukturieren, dass er eine Herztransplantation vermeiden konnte. Er besaß große Anwesen in Hollywood, Hawaii, Palm Springs und vermutlich noch mehr, von denen ich jedoch nicht erfuhr. Wollte er irgendwohin, musste er sich entscheiden, ob er im Rolls, im Mercedes, im Porsche oder im Ferrari fahren wollte. Und dennoch ist er ein zutiefst spiritueller Mann, der jede Form von Leben achtet. Wie mich brachte ihn seine Suche nach Wahrheit und echter Gesundheit dazu, Hollywood den Rücken zu kehren und sein Leben auf das zu vereinfachen, worauf es wirklich ankommt. Heute arbeitet er als Gesundheitsberater einiger der berühmtesten Leute. Uns verbindet jetzt schon seit 25 Jahren eine enge Freundschaft. Als ich ihn darum bat, für dieses Buch einige seiner Geheimnisse mit dir zu teilen, befand er sich gerade im Flugzeug nach Argentinien. Er schickte mir den nun folgenden Text per E-Mail:

„Die Medizin war schon immer meine Leidenschaft. Kurz nachdem ich Markus begegnet war, entschied ich mich dazu, der Entertainmentindustrie den Rücken zu kehren und mich in Vollzeit der Naturmedizin zu widmen. Nachdem ich zehn Jahre lang im Business verbracht hatte und bei allen Filmen von Steven Spielberg und vielen anderen mitgearbeitet hatte, war das natürlich ein gewaltiger Sprung, der einiges an Glauben erforderte, um meine Karriere auf das zu gründen, was ich bei dem Versuch gelernt hatte, mein eigenes Leben zu retten.

Ich war in der Entertainmentindustrie sehr erfolgreich. Fragte mich jemand, wie man zu Erfolg käme, antwortete ich immer: „Indem man einen Fuß vor den anderen setzt und sein Ziel ansteuert. Dann darf man nicht an den Weg denken, wie man dorthin gelangt." Dieses Motto wendete ich nun selbst an. Es kam mir nicht darauf an, wie viel ich verdiente, es ging mir darum, das zu machen, was mir Freude bereitete.

Ich vertraute – besonders auf das berühmte Zitat von Admiral Byrd, der gefragt wurde, wie es war, die allererste Antarktisexpedition vorzubereiten:
„Erst als ich wirklich entschlossen war, begannen alle Ressourcen, von denen ich nicht einmal zu träumen gewagt hätte, wie von selbst zu mir kommen."
So nahm ich alles an, was auf mich zukam, Krebs, Viren, Autoimmunkrankheiten und so weiter. Meine Einstellung dazu war: Schauen wir mal, was das ist. Nachdem ich mein Herz repariert hatte, spürte ich, dass es nichts gab, was mein Körper nicht heilen konnte. Es gab keinen Selbstzerstörungsmechanismus in meinem Körper. Ich hatte das Glück, dass sehr viele Menschen ihre Gesundheit in meine Hände legten und konnte im Laufe der Jahre viele Erfolgsgeschichten erleben. So viele hatten den Mut, um ihr Leben zu kämpfen und nicht zum Opfer ihrer Krankheit zu werden.

Ich hatte das Privileg, mit Menschen wie Prinzessin Diana zu arbeiten, die mich dazu ermutigte, mein erstes Buch zu schreiben und die ermöglichte, dass es veröffentlicht wurde. Sie machte damit den Weg frei für drei weitere Bücher darüber, wie unser Körper funktioniert und wie man sich ein einwandfreies Immunsystem schafft. Ich habe mit vielen anderen Promis gearbeitet, Industriekapitänen und berühmten Leuten ... und dabei ist mir stets ein Charakterzug aufgefallen, der mich dazu brachte, mit ihnen zusammenzuarbeiten – sie haben den Mut, für ihr Leben zu kämpfen und die Disziplin, diesen Kampf durchzustehen. Es war aufregend, weltweit mit Menschen zu arbeiten, zu reisen und aus erster Hand zu erleben, wie das Bewusstsein der Menschen zunimmt, die Kontrolle über ihre eigene Gesundheit zu übernehmen und sich nicht mehr Medikamenten zu unterwerfen. Jetzt ist der Moment – jetzt fängt es an. Ich habe in meinem Leben kein einziges Mal gezögert, weil ich niemals den leisesten Zweifel daran hatte, dass ich erreichen würde, wofür ich mich zu 100 Prozent einsetze."

Richard Helfrich

Markus Rothkranz

Hallo! Da bin ich wieder! Hast du gemerkt, was alle drei verbindet? Das hoffe ich doch, ich hoffe zudem, dass du jetzt etwas Mut gefasst hast, um aus deiner schönen kleinen Welt herauszutreten und endlich das zu tun, für das du hier bist! Du musst nur ganze 100 Prozent in DICH und dein Herz stecken. Hab keine Angst. Lern aus deinen Fehlern, sie werden dir geschenkt. Hilf anderen und lerne zu geben. Fürchte dich nicht davor, etwas zu verlieren, denn es gehört ohnehin nicht dir.

Geld und Vermögen gehören nicht dir. Das Universum hat sie dir anvertraut, damit du Großes bewirken kannst. Die Betriebsanleitung, wie das geht, ist als Sehnsucht in deinen Körperzellen programmiert. Es ist die Stimme, die aus deinem Herzen und nicht aus deinem Kopf zu dir spricht. Sobald du darauf zu hören beginnst und stark und mutig genug bist, um ihr zu folgen, wird dir das Universum alle Ressourcen und alle Macht zur Verfügung stellen, damit du sein kannst, warum du hier bist.

Es gibt einen Grund, warum du hier bist.

In dem Augenblick, in dem du dich diesem höheren Zweck hingibst, beginnt dein wahres Leben. Eine Tür öffnet sich und man heißt dich willkommen ...

DIE NEUE WELT

Wir treten in eine neue Ära des Bewusstseins ein.
Alle Lebewesen verdienen es, glücklich zu sein.

Gegenwärtig ist die Welt aus dem Gleichgewicht und alle anderen Spezies des Planeten leiden, weil eine einzige Spezies – der Mensch – sich fürchtet. Sie fürchtet sich so sehr, dass sie sich abschottet.

Der Mensch sucht Sicherheit, also sammelt er jede Art von unnatürlichem Zeug an, in dem er sich versteckt und mit dem er sich umgibt. Er wickelt seinen Körper in Kleidung und bedeckt ihn mit Make-Up, dann umgibt er sich mit einem großen Gebäude, das er dann durch schwere Tore schützt, durch hohe Mauern, Waffen, ein Sicherheitssystem und eine Versicherung. Das verbirgt und schützt seine wahren Gedanken und Gefühle, sogar vor seinem oder ihrem Partner. Manchmal geht er so weit, seine eigenen Gefühle sogar vor sich selbst zu verbergen.

Warum? Wovor versteckt er sich? Gegen was möchte er sich schützen?

Die überraschende Antwort finden wir in Horrorfilmen. Wir fürchten uns am meisten ... vor dem, was längst im Haus ist ... tatsächlich ... schon IN UNS!

Wir fürchten uns am meisten … vor der Wahrheit, wir könnten nicht genügen, und wir verbringen unser ganzes Leben damit, anderen zu beweisen, dass wir etwas wert sind, dass wir doch gut genug sind.

Gut genug wofür?

Als Kinder blicken wir zu unseren Eltern auf. Wir suchen beständig ihre Anerkennung. Sie haben uns das Leben geschenkt. Wir wollen beweisen, dass wir es wert waren, geboren zu werden. Wir wollen keine Platz- und Ressourcenverschwendung sein.

Jetzt haben wir erwachsene Körper, doch nach wie vor mit dem Bewusstsein von Kindern, die nach der Anerkennung der anderen heischen … die immer noch beweisen wollen, dass sie weder Platz- noch Ressourcenverschwendung sind. Wir sehen, wie die Uhr tickt … Die Jahre vergehen und wir spüren immer deutlicher den Druck, etwas aus uns zu machen – oder aber als Versager abgestempelt zu werden (denken wir zumindest). Niemand will ein Versager sein. Wir wollen spüren, dass wir etwas wert sind … dass wir auf irgendeine Weise einen Beitrag zum großen Ganzen geleistet haben. Dass wir eine Spur hinterlassen. Wir wollen Achtung. All jene, die andere versklaven, haben eine unstillbares Bedürfnis nach Achtung und wollen sie mit Gewalt erzwingen. Dieses starke Bedürfnis, einen Grund für unser Dasein vorzuweisen und dafür anerkannt zu werden, ist einer der tiefsitzenden Charakterzüge des Menschen. Unser Bewusstsein ist ein Geschenk und eine Last zugleich.

Seit Hunderttausenden von Jahren ist dieses Bewusstsein ein großes Mysterium. Die bedeutendsten Weisen versuchten, es zu ergründen. Wir beginnen gerade erst zu begreifen, was wir da besitzen und was es zu leisten imstande ist. Bis jetzt glich es einem unreifen Kind, das unser Leben und alles um uns herum beherrschte – es hat diese Welt praktisch an den Rand des Untergangs gebracht. Bisher war der menschliche Geist nicht fokussiert. Als Ergebnis dieses Ungleichgewichts lebt über 95 Prozent der Menschheit in bitterer Armut, versklavt von Verwirrung und Angst. Die restlichen fünf Prozent verfügen über viel Einfluss und Macht, haben aber keine Ahnung, was sie damit anstellen sollen. Und in der Zwischenzeit wartet die gesamte Natur darauf, dass wir unsere Sache endlich richtig machen. Tiere und Pflanzen werden genau in diesem Augenblick vergiftet, wir aber hocken da und machen uns Sorgen wegen ein paar läppischer Rechnungen.

Etwas muss sich ändern. Und es ändert sich.

Wie in dem größten Film, der je gedreht wurde, dämmert es uns allmählich, dass wir die Antwort für alle unsere Probleme schon immer in uns trugen. Und am erstaunlichsten ist, dass genau diese Ursache aller unserer Probleme (der Geist des Menschen in all seiner Unsicherheit) auch das einzige Mittel ist, das uns retten und uns das Ruder komplett herumreißen lassen wird.

Wir beginnen gerade erst zu verstehen, dass wir das größte Geschenk des Universums in uns tragen. Dieses Meisterwerk hat Gott geschaffen, dann lehnte er sich zurück, lächelte und wartete auf genau diesen Augenblick. Wir tragen die größte Kraft des Universums in uns – die Macht, alles zu erschaffen. Gott gab uns das größtmögliche Geschenk. Mit unserem Geist können wir jede Wirklichkeit erschaffen, die wir wollen, und wir haben bisher nicht einmal ein Millionstel seiner Macht benutzt. Es ist eine Saat, die vor langer, langer Zeit gepflanzt wurde und sie beginnt gerade erst zu sprießen. Die Zeit ist reif. Das Erwachen beginnt.

Die hässliche Raupe, die alle Blätter abgefressen hat (also die Umwelt zerstörte) verpuppt sich und implodiert (der wirtschaftliche Zusammenbruch), verwendet den eigenen Körper als Nahrung (innere Neustrukturierung), durchbricht die alte Hülle (unsere Schutzbarrieren der Angst und Unsicherheit, die wir um uns errichtet haben) und kommt als eine neue Lebensform ans Licht (Schmetterling) – als Lebensform voller Schönheit und Farbe ... die nicht länger darauf beschränkt ist, auf der Erde herumzukriechen und Blätter zu fressen. Diese neue Lebensform trinkt den Nektar der Pflanzen und fliegt auf den Schwingen reiner Schönheit, wohin sie auch will, von Blüte zu Blüte. Das ist ein Gleichnis wahren Wohlstands. Ihr, meine lieben Freunde, seid genau im größten Moment der Menschheitsgeschichte hier an diesem Ort. Es ist die Zeit des Erwachens und ihr tragt den Schlüssel dafür in euch – die mächtigste Kraft des Universums.

Einer nach dem anderen, und das auf der ganzen Welt, spüren wir diesen Drang nach Wiedergeburt. Wir werfen das Alte ab und schaffen Platz für das Neue. Die alten, schweren Dinge werden ohnehin von uns genommen werden, ob uns das gefällt oder nicht. Wir werden leichter. Unser Bewusstsein beginnt, auf einer höheren Ebene zu schwingen ... Die ganze Welt unternimmt den Schritt von der Furcht zum Mut. Und während die Schwingung steigt, wandeln sich unsere Frustration und unsere Wut in Vergebung und Güte. Folglich erhalten wir endlich den Wohlstand, den wir von Geburt an verdient haben. Wir sind nicht da, um in der Welt herumzukriechen und zu zerstören – wir sind geschaffen, um in unserer Schönheit zu schweben.

Wenn du dich wandelst, wandelt sich die ganze Welt. Wie immer die Welt auch aussehen soll – geh voran, wandle dich zuerst. Indem du dich selbst ermächtigst, ermächtigst du andere, und das setzt eine Kettenreaktion in Gang, an deren Ende die ganze Welt verwandelt ist. Es gibt hier genug Zauber, Schönheit und Wohlstand für alle. Fürchte dich nicht vor dem Mangel. Die ganze Welt und jeder darin verdient das Glück.

Ich will damit nicht sagen, dass dann jeder in einer Villa leben wird. Die meisten brauchen oder wollen gar keine Villa. Ich kenne reiche Leute, die all das aufgegeben haben, um in Fidschi in einer Hütte aus Gras zu leben und sich von Kokosnüssen zu ernähren. Weltweit stehen Millionen von Menschen kurz vor dem Hungertod, während man in Europa in hübschen Häusern am Stadtrand wohnt, große Autos fährt und dennoch den ganzen Tag lang jammert. Hätten diese Leute, die am Verhungern sind, nur ein paar Tropfen sauberes Wasser, etwas zu essen und ein Dach über dem Kopf, würde ihnen das mehr bedeuten als uns ein Schloss. Es ist alles relativ. Und das ist wichtig – nur weil Menschen kurz vor dem Verhungern sind, darfst du trotzdem vermögend sein und ein schönes Leben führen. Wenn du das nicht begreifst, dann solltest du dieses Buch ein zweites Mal lesen. Arme verschwenden mehr Geld als Reiche, weil die Reichen meistens Investitionen besitzen und keine Konsumgüter, die bereits dann ihren Wert verloren haben, wenn man sie erwirbt. Je mehr Macht und Einfluss du hast, desto mehr Gutes kannst du damit tun. Wo liegt der Ursprung dieser Macht? Richtig – in deinem Herzen! Braucht dein Herz einen Sportwagen, um sich wohlzufühlen, dann kauf dir einen – wenn es das ist, was du brauchst, um dich gut zu fühlen und dann den hungernden Millionen zu helfen. Schau nie auf das Negative, sieh immer das Positive – NUR so wird die neue Welt funktionieren. Beende alle Negativität, den Neid und alle schlechten Gefühle. All das fällt nur wieder auf dich zurück. Wünsch den anderen den größtmöglichen Erfolg – und du wirst ihn selbst haben.

Ich erinnere mich daran, dass ich – wenn es mir richtig dreckig ging – zum Flughafen fuhr und mich an der Power der Düsenmaschinen berauschte. Ich füllte meine Körperzellen mit ihrer kraftvollen Energie und ihrer Fähigkeit, über den Wolken an jeden Ort der Welt zu gleiten. Ich ging zum Terminal und nahm die Energie all dieser Leute in mich auf, die sich wiedertrafen und glücklich waren. Mein Haus in Las Vegas liegt direkt in der Einflugschneise für Privatjets. Jedes Mal, wenn einer über mein Haus donnert, winke ich ihm fröhlich zu. Sie versetzen mich in Aufregung. So wie Tom Cruise in dem Film *Top Gun*, als er mit seinem Motorrad die Startbahn entlangrast, wenn die Jets abheben, und ihnen zuwinkt. Ich wusste, dass ich eines Tages in diesen Jets sitzen würde – und so kam es dann auch. Es gab mir Kraft und das Gefühl, dass alles möglich ist. Diese Macht gab mir die Kraft und die Inspiration, die Welt zu heilen. Solange du die Geschenke der Welt zum Guten verwendest, bist du auf dem richtigen Weg. Und denk daran:

FEIERE DAS LEBEN!

Wir müssen in vergleichbar kurzer Zeit eine Riesenmenge an Veränderungen vornehmen, also erleichtere die Last, die dich bedrückt, pack deine Siebensachen und geh hinaus in die Welt, Heute noch! Keine Ausflüchte mehr.

Zurzeit benutzen wir noch Geld aus Papier ... das kann sich jederzeit ändern, aber darauf kommt es nicht an. Was immer auch als Währung gelten wird, es wird gerecht verwendet werden, weil letzten Endes die Wahrheit immer siegt. Alles andere vergeht. Das ist ein Naturgesetz. Nur die Wahrheit überlebt ... und der größte Ausdruck der Wahrheit ist die Liebe. Wünsch allen nur das Beste, ganz gleich, um wen es sich handelt, und das Universum wird es dir auf das Beste lohnen.

Dein Geist und dein Herz bilden die letztendliche Internetverbindung – sie sind unmittelbar mit dem Ursprung der ganzen Schöpfung verbunden. Und deshalb ist es dir nicht mehr möglich zu lügen, zu betrügen oder die Wahrheit zu verbergen. Was immer du empfindest, wird unmittelbar von den Menschen um dich herum empfunden. Was du aussendest, kehrt unverzüglich zu dir zurück. Konzentrier deine Kraft darauf, das Beste zu sein, was du sein kannst. Wirf alles fort, was dich zurückhält, und du kannst fliegen. Spende, wie du noch nie zuvor gespendet hast. Erheb dich über alle Widerstände und Ängste und werde zum wohlhabendsten DU, das andere inspiriert und ihnen hilft. Im Gegenzug erhältst du das größte Königreich zum Leben, das du dir vorstellen kannst. Wie auch immer deine Vorstellung von Vermögen aussieht – das ist nichts im Vergleich zu dem, was du bald erleben wirst. Lass los. Sei der ehrenwerteste Mensch der ganzen Welt. Fang einfach bei deinem Nächsten an. Überrasche ihn durch ein überbordendes Geschenk der Gnade. Dann geh weiter zum Nächsten. Zeig dem Universum, dass du ein neuer Mensch geworden bist, der wirklich etwas bewirken will. Du denkst nie mehr negativ – deine Mission ist dafür zu wichtig.

Die Welt braucht so viele Menschen wie möglich, um ihre Schwingung zu erhöhen, um zu gedeihen und zu leuchten. Erhebst du dich, reißt du die anderen mit dir hoch. Lass dich von den anderen nicht mehr auf ihr Niveau herabziehen – hol sie auf deines empor.

Erhebe dich und werde reich. Das ist deine Pflicht!

Die Welt braucht dein Licht, erleuchte sie!

„Die einzige Grenze, die unserer Verwirklichung des Morgen gesetzt ist, sind unsere Zweifel im Heute."
Franklin D. Roosevelt

Erfolg ist ...

Für Erfolg gibt es keine Formel. Er ist kein Ding. Er ist das, WAS DU BIST. Jage nicht länger dem Geld hinterher. Arbeite an dir. Du musst erkennen, wer du bist, und dann für das einstehen, für das du hier bist.

Jeder einzelne erfolgreiche Mensch auf der Welt hat die Stärke besessen, er oder sie selbst zu sein, ungeachtet der Meinung aller anderen. Denk immer daran: All der Widerstand, auf den du triffst, ist nur eine Prüfung, um festzustellen, ob du schon bereit für deinen Reichtum bist. Die ganze Welt ist nur ein Test. Vergiss die Wirtschaftslage. Die meisten Reichen der Welt haben ihr Vermögen in schweren Zeiten erworben. Ich werde das noch unzählige Male wiederholen. Ein Meister ist der, der etwas scheinbar Negatives nimmt und es in etwas Positives verwandelt. Das einzige, was dich davon abhält, sind dein Unglaube, deine Zweifel und deine Angst. Du hast längst alles, was du brauchst, um erfolgreich zu sein. Ich saß nackt in der Wüste, hatte nichts, und innerhalb eines Monats fuhr ich einen Ferrari. Du musst nur – wie Rocky – dieses Feuer in dir spüren. Lausche der Titelmelodie in deinem Herzen, steh um 5 Uhr in der Frühe auf und beginne zu joggen. In dir wartet ein Weltmeister darauf, endlich zum Vorschein zu kommen. Zu lange hast du ihn in Ketten gelegt. Es ist an der Zeit, dass du deinen Platz in der Welt für dich beanspruchst. Lass uns wissen, wer du bist. Mach uns stolz. Fang jetzt an. Verlass deine kleine, gemütliche Welt und tritt ins Rampenlicht. Das gesamte Universum schaut auf dich und wird dir den Rücken stärken, solange du ihm zeigst, dass du Mann oder Frau genug bist und zudem stark und dass du dich völlig engagierst.

Zeig der Welt, wer du bist. Und zwar jetzt!

„Wo ein Testament ist, ist auch ein Vermögen."
W.C. Fields

HALLO, NEUES ICH!

Du kannst nicht nur heulen und strampeln und in die Welt hinausschreien, was du willst. Du musst innerlich begreifen, DASS ES NUR AN DIR LIEGT, dass deine Ziele sich verwirklichen. Du musst dir selbst sagen, dass du es satt bist, immer auf andere zu warten. Du musst deine Situation so betrachten, als komme NIEMAND dir zu Hilfe. Alle sind in ihrem ureigenen Drama gefangen. Der einzige, der dir zu Hilfe kommen wird, bist DU selbst. Warte nicht langer. Es weiß ohnehin niemand so gut wie du, wie es geht. So wie du hat es noch nie jemand zuvor gemacht. Mach dir einen Plan und fang einfach an! Du bist Noah. Bau deine Arche. Zeig allen, dass du das kannst. Schnapp dir ein Blatt Papier und zeichne den Plan. Tüftle jedes Detail aus. Sei besessen davon. Es geht nicht um dein Hobby, sondern um deinen Daseinszweck. Lebe nicht länger für die anderen, tue, wofür du hier bist. Die Leute brauchen Menschen wie dich, die sie inspirieren. Sei ein Beispiel. Eine Revolution beginnt damit, dass ein Einziger einen Schritt weiter geht als die anderen.

Und stell dir mal vor – mehr braucht es gar nicht. Sehen die Leute, dass du den ersten Schritt machst, bekommen sie eine Gänsehaut. Einige kommen mit. Plötzlich hast du Hilfe. Hörst du auf deine wahre Berufung und unternimmst diesen Schritt und bleibst ihm immer treu ... dann stärkt dir das ganze Universum den Rücken und du veränderst die Welt. Aber das Universum will sehen, wie du diesen ersten Schritt machst. Es will sehen, dass du es ernst meinst. Es will sehen, dass du fest entschlossen bist. In dem Augenblick, in dem du genug hast von der Art und Weise, wie die Dinge geartet sind, und das keine Sekunde länger erträgst und dir sagst: „Das war's. Hier und jetzt ändere ich das. Nimm dich in Acht, Welt, ich nehme jetzt Anlauf!" – in diesem Augenblick verändert sich alles. Du wirst es spüren. Nichts ist mehr wie zuvor. Es ist so, als wärst du in eine andere Dimension mit einer anderen Art von Energie geschleudert worden. Es sind noch die gleichen Schauspieler, aber in einem anderen Film.

Willkommen in der Welt der Quantenrealität.

Du hast dich selbst in einen anderen Film gezappt. Doch diesmal bist du der Held und nicht das Opfer. Du hast alles unter Kontrolle. Elektrizität tanzt auf deinen Fingerspitzen, Feuer sprüht aus deinen Augen. Was immer du willst, wird sich jetzt manifestieren. Den anderen erscheint es wie reine Magie. Sie lachen und feiern dich. Sie wollen das, was du hast. Du inspirierst sie, verleihst ihnen Kraft, du bist ihr Licht und doch saugen sie dir keine Kraft mehr ab. Du musst einfach nur du selbst sein. Das wollen und das brauchen sie. Das ist es, was das Universum braucht und will. Es gibt dich aus einem einzigen Grund – einem ganz besonderen Grund: Du sollst alle um dich herum durch positive Energie inspirieren. Und das gelingt dir, indem du einfach du selbst bist, deinen Träumen folgst und sie verwirklichst. Deine Aufgabe besteht nicht darin, dem Traum eines anderen zu folgen. Deine Aufgabe ist es, DIR selbst treu zu sein. Das kann bedeuten, dass du deine Kräfte mit jemand oder etwas bündelst. Das ist in Ordnung, solange du das tust, was du tun musst. Vielleicht musst du nur der weltbeste Installateur sein. Jedes Mitglied des Teams hat seine eigene, besondere Aufgabe. Die Guten sind unbezahlbar. So gewinnt eine Mannschaft die Weltmeisterschaft. Aber das hier ist kein Wettbewerb – es ist ein Fest der Heilung.

Die Welt braucht dich. Jede Minute, die du noch länger wartest, jede Sekunde, die du zögerst, verweigerst du der Welt dein ganz besonderes Talent. Du bist ein Rennpferd, ein *Spaceshuttle*, ein Düsenjäger, voll betankt, der durchstarten und die Welt retten kann.

Sei nicht länger Mittelmaß! Beschäme das Universum nicht. Fordere deinen Platz auf dem Thron. Du bist der König. Fordere deine Rechte ein. Fordere deine Macht, denn die Menschen auf der ganzen Welt sind hilflos und liegen im Sterben. Sie brauchen Führung. Zeig ihnen die Richtung. Werde aktiv. Mach das Universum stolz.

Verschwende keine weitere Sekunde.

Es ändert sich genau jetzt.

Wenn du die nächste Zeile dieses Buches liest, hat sich bereits überall alles verändert.

Jeder deiner Gedanken verändert überall alles. Verleih ihm Gewicht.

Liebe und Licht
Markus

„Vorstellungskraft ist die Vorschau
auf die kommenden Attraktionen des Lebens."
Albert Einstein

Mehr Bücher, DVDs und andere Produkte von Markus, die dein Leben verändern werden, findest du auf *www.MarkusProducts.com*.

Den kostenlosen *Markus Newsletter* kannst du auf der Website *www.MarkusNews.com* abonnieren.

Markus Rothkranz

Heile dich schön

Wie wir wieder jung und vital aussehen können – und uns auch so fühlen! Natürlich, einfach, dauerhaft.

HANS-NIETSCH-VERLAG

www.nietsch.de

www.nietsch.de